数字中国
学习辅导

中国网络空间研究院
《中国网信》杂志 编著

学习出版社

图书在版编目（CIP）数据

数字中国学习辅导 / 中国网络空间研究院，《中国网信》杂志编著. -- 北京：学习出版社，2024.4
ISBN 978-7-5147-1264-3

Ⅰ.①数… Ⅱ.①中… ②中… Ⅲ.①信息经济－中国 Ⅳ.①F492

中国国家版本馆CIP数据核字(2024)第064465号

数字中国学习辅导
SHUZI ZHONGGUO XUEXI FUDAO

中国网络空间研究院　《中国网信》杂志　编著

责任编辑：夏　静
技术编辑：刘　硕
装帧设计：映　谷
封面设计：郑昊楠

出版发行：学习出版社
　　　　　北京市崇外大街11号新成文化大厦B座11层（100062）
　　　　　010-66063020　010-66061634　010-66061646
网　　址：http://www.xuexiph.cn
经　　销：新华书店
印　　刷：北京联兴盛业印刷股份有限公司
开　　本：710毫米×1000毫米　1/16
印　　张：15.5
字　　数：141千字
版次印次：2024年4月第1版　2024年4月第1次印刷
书　　号：ISBN 978-7-5147-1264-3
定　　价：66.00元

如有印装错误请与本社联系调换，电话：010-67081356

前　言

当今世界，时代浪潮风起云涌，数字化、网络化、智能化深入发展，在推动经济社会发展、促进国家治理体系和治理能力现代化、满足人民日益增长的美好生活需要等方面作用日益凸显。党的十八大以来，以习近平同志为核心的党中央把握信息革命发展大势、立足全面建设社会主义现代化国家新征程、统筹国内国际两个大局，高度重视、系统谋划、统筹推进数字中国建设，引导数字中国建设不断取得新成就、迈上新台阶，形成了具有中国特色的数字化发展道路。

党的二十大报告指出，要加快建设网络强国、数字中国。2023年，中共中央、国务院印发《数字中国建设整体布局规划》，从党和国家事业发展全局和战略高度，提出了新时代数字中国建设的整体战略，明确了数字中国建设"2522"的整体框架，为进一步加快建设数字中国提供了顶层设计和战略指引，推动数字中国建设进入整体布局、全面推进的新阶段。

建设数字中国是数字时代推进中国式现代化的重要引擎，是构筑国家竞争新优势的有力支撑。为做好习近平总书记关于网络强国的重要思想的通俗化、大众化、普及化传播，增强广大干部群众抢抓数字化发展历史机遇的责任感、使命感、紧迫感，营造全社会共同关注、积极参与数字中国建设的良好氛围，《中国网信》杂志汇集习近平总书记指引数字中国建设系列述评文章，编辑形成《数字中国学习辅导》一书，为广大干部群众理论学习提供参考。

中国网络空间研究院

《中国网信》杂志

2024 年 2 月

目 录

Contents

一 东风万里绘宏图
——关于数字中国建设 / 001

二 春来潮涌东风劲
——关于数字化推动高质量发展 / 027

三 百舸扬帆正当时
——关于数字基础设施建设 / 047

四 春风化雨润神州
——关于数字文化建设 / 067

五 无边光景时时新
——关于数字社会建设 / 087

六 又踏层峰望眼开
——关于数字技术发展 / 109

七 清风徐来天地明
——关于网络文明建设 / 133

八 奋楫中流绘新篇
——关于网络安全工作 / 153

九 与时偕行天地宽
——关于网络空间国际合作 / 175

十 致广大而尽精微
——关于数字政府建设 / 197

十一 良法善治安天下
——关于网络法治建设 / 219

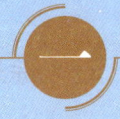

东风万里绘宏图
——关于数字中国建设

碧海掣鲸望巨擘，云天张翼仰高鹏。

现代化是人类文明进步的历史潮流，从近代以来无数仁人志士的苦苦求索，到党的二十大擘画中国式现代化宏伟蓝图，现代化寄托着中华民族对理想社会的矢志追求。

如何走向现代化，这是一个需要随着时代进步而不断加以审视的开放命题。新时代的中国作出开拓性的回答：摒弃西方以资本为中心、两极分化、物质主义膨胀、对外扩张掠夺的现代化老路，致力于实现人口规模巨大的现代化、全体人民共同富裕的现代化、物质文明和精神文明相协调的现代化、人与自然和谐共生的现代化、走和平发展道路的现代化。

看新时代的中国，跃居世界第二大经济体、第一大货物贸易国；形成全球最为庞大、生机勃勃的数字社会；建成全球规模最大的网络基础设施；"天宫"遨游、"蛟龙"探海、"天眼"探空、"悟空"探秘、"墨子"传信……中国人民正昂首阔步踏上现代化的快车道。

当前，新一轮科技和产业革命深入发展，世界主要国家都把数字化作为优先发展的战略方向。党的二十大作出加快建设网络强国、数字中国的重大部署，开启我国信息化发展新征程，数字中国建设越来越成为以信息化推进中国式现代化的重要引擎和有力支撑。

党的十八大以来，以习近平同志为核心的党中央着眼时代发展大势和国内国际发展大局,高度重视、系统谋划、统筹推进数字中国建设,提出一系列新思想新观点新论断,出台一系列重大政策,作出一系列战略部署,擘画新时代数字中国建设的宏伟蓝图,推动数字中国建设取得重要进展和显著成效,为推进中国式现代化提供有力支撑、注入强大动力。世界看见,一个活力奔涌的数字中国正在走来。

深刻洞察世界之变、时代之变、历史之变,超前部署擘画数字中国建设蓝图

当前,中华民族伟大复兴战略全局、世界百年未有之大变局与信息革命的时代潮流发生历史性交汇。如何在走向复兴的历史进程中激发我们这个文明古国的新活力,去赢得更加长远、更加光明的未来?

在 2015 年第二届世界互联网大会开幕式上,习近平总书记首次提出"数字中国"这一概念——"中国正在实施'互联网+'行动计划,推进'数字中国'建设"。在中国搭建互联网国际平台这一概念,成为面向全世界的一次重要宣示。

此后,习近平总书记多次为数字中国建设把舵定向、擘画未来。2017 年 10 月,习近平总书记在党的十九大报告中明确提出建设网络强国、数字中国、智慧社会,"数字中国"被首次写

入党和国家纲领性文件。

两个月后，在十九届中共中央政治局第二次集体学习时，习近平总书记强调，要加快建设数字中国，构建以数据为关键要素的数字经济，推动实体经济和数字经济融合发展。

"加快数字中国建设，就是要适应我国发展新的历史方位，全面贯彻新发展理念，以信息化培育新动能，用新动能推动新发展，以新发展创造新辉煌。"2018年，习近平总书记向首届数字中国建设峰会致贺信，深刻阐明数字中国建设的重大意义。在贺信里，习近平总书记还提到在福建工作时的往事，"2000年我在福建工作时，作出了建设数字福建的部署"。

高瞻远瞩的战略决策，源自长达几十年的理论思考和实践探索。时光回到21世纪之初，那时，互联网、计算机在中国远未普及。人们很难想象，地处中国东南一隅的福建，却已悄然开始了一场数字化转型的变革。

2000年，时任福建省省长的习近平同志深刻洞察信息科技发展趋势，极具前瞻性和创造性地作出建设数字福建的战略部署。他同时提出，省政府可成立数字福建建设领导小组，由他担任组长。次年，习近平同志主持召开数字福建建设工作领导小组成员会议，审议通过"131"计划，开启福建大规模推进信息化建设的进程。这也成为数字中国建设的思想源头和实践起点。

2003年，时任浙江省委书记的习近平同志指出，要坚持以信息化带动工业化，以工业化促进信息化，加快建设数字浙江。习近平同志强调"干在实处、走在前列"，制定并实施"八八战略"，加快推进创新型省份和科技强省建设，打造"百亿信息化建设"工程，浙江成为全国数字经济发展的试验田和排头兵。

历史长河奔腾不息，时代考卷常答常新。

当前，世界之变、时代之变、历史之变正以前所未有的方式展开。在这一宏阔的图景中，数字技术成为重组全球要素资源、重塑全球经济结构、重构全球竞争格局的关键力量，数字领域成为大国竞争的最前沿和新赛场。

置身这场百年未有之大变局，习近平总书记基于对时代大势的深刻洞察，基于对信息时代党和国家前途命运的深刻把握，基于对人民美好生活需要的深刻体悟，作出建设数字中国的战略决策。

踏上新征程，擘画新蓝图。2023年2月，中共中央、国务院印发《数字中国建设整体布局规划》，数字中国建设有了里程碑意义的顶层设计和整体谋划。

作为党的二十大后我国信息化领域的首个全面规划，文件着眼党和国家事业发展全局，首次提出新时代数字中国建设的整体布局，将建设数字中国上升到"是数字时代推进中国式现代化的重要引擎，是构筑国家竞争新优势的有力支撑"的战略高度。

这是以信息化数字化驱动中国式现代化的中国方案，这是以推进数字中国建设抢占未来发展制高点的重大战略举措。在这份规划中，数字中国建设的时间表、路线图、任务书一一明确：按照"夯实基础、赋能全局、强化能力、优化环境"的战略路径，立足数字中国建设"2522"的整体框架，加强整体布局、整体推进，全面提升数字中国建设的系统性、整体性、协同性。

蓝图绘就卷已开，江海乘风启新程。

从"131"计划、"八八战略"到"2522"；从东南一隅、之江热土到神州大地……习近平总书记挥就的"大写意"被一笔一笔绘制成"工笔画"，一幅峰峦莽苍、千帆竞发的壮美数字画卷正在新时代的中国徐徐铺展。

以数字中国建设构筑发展新优势，全面推动数字化转型向纵深发展

在上海，提出"抓好'政务服务一网通办'"；在浙江，指出"从信息化到智能化再到智慧化，是建设智慧城市的必由之路，前景广阔"；在安徽，强调"推动制造业加速向数字化、网

2023年4月27日，第六届数字中国建设峰会在福州海峡国际会展中心拉开帷幕（新华社记者 魏培全 摄）

络化、智能化发展"……多年来，习近平总书记的考察足迹遍布大江南北。在这一次次深入基层的考察调研中，习近平总书记系统谋划数字中国建设全局，有力指引数字中国建设实践。在以习近平同志为核心的党中央坚强领导下，我国信息化迈入加快数字化发展、建设数字中国的新阶段。随着数字中国建设的深入展开，数字技术正引领和推动着经济发展、社会治理、百姓生活等方方面面的变革。

——数字中国建设底座不断夯实

"我们要加强信息基础设施建设，强化信息资源深度整合，打通经济社会发展的信息'大动脉'。""要加强战略布局，加快建设以 5G 网络、全国一体化数据中心体系、国家产业互联网等为抓手的高速泛在、天地一体、云网融合、智能敏捷、绿色低碳、安全可控的智能化综合性数字信息基础设施"。党的十八大以来，习近平总书记多次对数字基础设施建设提出明确要求。

近年来，我国加快完善数字基础设施规模化部署，统筹推进网络基础设施、算力基础设施、应用基础设施建设，数字基础设施互联互通、共建共享和集约利用水平快速提升，经济社会发展的信息"大动脉"持续打通。

与北京直线距离约 300 公里的内蒙古乌兰察布市，年平均气温 4.3 摄氏度，地处"首都一小时"经济圈，室外自然冷源和风电、光伏等清洁能源丰富……得天独厚的地理条件，让乌兰察布市被众多网信企业选为建设大型数据中心的理想之地。

推动算力资源有序向可再生能源更丰富的西部转移，促进解决东西部算力供需失衡问题……2022 年，国家发展改革委、中央网信办、工业和信息化部、国家能源局联合印发通知，同意在京津冀、长三角、粤港澳大湾区、成渝、内蒙古、贵州、甘肃、宁夏 8 地启动建设国家算力枢纽节点，并规划了 10 个国家数据中心集群。至此，全国一体化大数据中心体系完成总体布局设计。

截至 2022 年底，我国累计建成并开通 5G 基站 231.2 万个，基站总量占全球 60% 以上，所有地级市全面建成光网城市，建成全球规模最大、技术领先的网络基础设施；在用数据中心算力总规模位居世界第二，超算发展水平位居全球第一梯队；工业互联网标识解析体系全面建成，全国累计建成8000多个纯数字化智能变电站……

"我听懂了，贵州发展大数据确实有道理。"2015年6月，习近平总书记走进贵阳市大数据应用展示中心。贵州省以发展大数据作为突破口推动经济社会高质量发展的探索，给总书记留下了深刻印象。

作为"信息时代的石油"，数据已成为国家基础性战略资源，已快速融入生产、分配、流通、消费和社会服务管理等各个环节，深刻改变着生产方式、生活方式和社会治理方式。从某种意义上讲，谁能下好数据这个先手棋，谁就能在未来的竞争中占据优势、掌握主动。

党的十八大以来，以习近平同志为核心的党中央高度重视发挥数据要素作用和完善数据基础制度。2015年，党的十八届五中全会首次提出"国家大数据战略"；2019年，党的十九届四中全会首次提出将数据作为生产要素参与分配；2020年，中共中央、国务院印发《关于构建更加完善的要素市场化配置体制机制的意见》，文件将数据与土地、劳动力、资本、技术等相并列，提出要加快培育数据要素市场。

当前，数据已经成为信息时代推动社会进步最活跃、最革命、最显著的生产要素，对传统产权、流通、分配、治理等制度提出新要求，迫切需要建立健全与之相匹配的生产关系。2022年12月，中共中央、国务院印发《关于构建数据基础制度更好发挥数据要素作用的意见》，文件从数据产权、流通交易、收益分配、安全治理四方面系统性构建数据基础制度体系的"四梁八柱"，绘制了数据要素发展的长远蓝图。

与时俱进地调整与数字生产力发展相适应的生产关系，构建数据基础制度体系，这是新时代我国改革开放事业持续向纵深推进的标志性、全局性、战略性举措。

《上海市数据条例》《浙江省公共数据条例》《贵州省大数据发展应用促进条例》……一批地方数据条例文件密集出台，各地规范有序推进数据汇聚、共享、开发、开放。

上海数据交易所积极构建数商生态体系，北京建成基于自主知识产权的数据交易平台，深圳数据交易所积极推动数据跨境交易……截至2022年底，全国成立40余家数据交易机构，数据要素市场积极活跃，释放出澎湃动能。

近年来，我国积极发挥海量数据规模和丰富应用场景优势，加快构建数据基础制度体系，推进数据要素市场建设，不断释放数据要素潜能，助力我国数字经济驶向高质量发展新航道。

——推动数字化与"五位一体"总体布局深度融合

习近平总书记深刻指出，数字技术正以新理念、新业态、新模式全面融入人类经济、政治、文化、社会、生态文明建设各领域和全过程，给人类生产生活带来广泛而深刻的影响。

党的十八大以来，我国积极推进数字技术与经济、政治、文化、社会、生态文明建设"五位一体"总体布局深度融合，积极发挥数字化在转变发展方式、优化发展结构、转换发展动力、提升发展质量等方面的重要支撑作用，取得显著成就。

数字经济乘风起势——

GDP增速2010年为10.6%，2011年为9.6%，2012年为7.9%……经过改革开放30多年高速增长，刚刚成为世界第二大经济体的中国经济正面临"前进中的问题"、经历"成长中的烦恼"。是沿用老办法拉动增长，还是寻找新路径稳量提质？

2012年12月，中央经济工作会议召开。习近平总书记深刻指出："不能不顾客观条件、违背规律盲目追求高速度。"之后又明确"不再简单以国内生产总值增长率论英雄"，提出"新常态"，部署供给侧结构性改革，坚决推动发展方式转变。

在这场深刻转变中，习近平总书记对于网信事业寄予厚望。"按照新发展理念推动我国经济社会发展，是当前和今后一个时期我国发展的总要求和大趋势……我国网信事业发展要适应这个大趋势。""网信事业代表着新的生产力、新的发展方向，应该也能够在践行新发展理念上先行一步。"

百舸争流，奋楫者先。

截至2021年底，我国数字经济规模达45.5万亿元，数字经济规模连续多年位居全球第二；电子商务交易额、移动支付交易规模位居全球第一；数字经济和实体经济深度融合，我国25个先进制造业集群中，六成以上主导方向是数字经济；网信企业加大创新研发投入，一批中国应用引领世界潮流……放眼当下中国，新技术层出不穷，新业态风起云涌，新模式争相登场，数字经济发展速度之快、辐射范围之广、影响程度之深前所未有，正驱动着中国经济结构不断优化、效益显著提升，阔步迈向高质量发展。

数字政务高效协同——

党的十八大以来，以习近平同志为核心的党中央高度重视数字政务、数字政府建设，作出一系列重大部署。

2019年10月，党的十九届四中全会首次提出推进数字政府建设，明确要创新行政管理和服务方式，加快推进全国一体化政务服务平台建设，健全强有力的行政执行系统，提高政府执行力和公信力。

2021年12月印发的《"十四五"推进国家政务信息化规划》提出，到2025年，政务信息化建设总体迈入以数据赋能、协同治理、智慧决策、优质服务为主要特征的融慧治理新阶段。

2022年4月，中央全面深化改革委员会第二十五次会议审议通过《关于加强数字政府建设的指导意见》。习近平总书记在主持会议时强调，要全面贯彻网络强国战略，把数字技术广泛应用于政府管理服务，推动政府数字化、智能化运行，为推进国家治理体系和治理能力现代化提供有力支撑。

一系列重大决策，一项项具体部署，我国数字政务建设驶入快车道。

电子社保卡、跨省异地就医备案、住房公积金异地转移接续……一系列高频服务事项基本实现"全程网办""跨省通办"。

"北京通""随申办""浙里办""粤省事""渝快办"……一大批地方政务服务 APP 优化线上办事体验，赢得人民群众的好感和信赖。

"十四五"规划编制工作开展网上意见征求，各大网站开设"我为党的二十大建言献策"等专栏……网上民意直通车开通，民意表达新渠道不断畅通。

流动的数据、流畅的体验，百姓少跑腿、数据多跑路，正给亿万人民带来实实在在的获得感。

《2022 联合国电子政务调查报告》显示，在 193 个联合国会员国中，我国电子政务排名从 2012 年的第 78 位上升到 2022 年的第 43 位，成为全球增幅最高的国家之一。

数字文化繁荣发展——

"文化是一个国家、一个民族的灵魂。文化兴国运兴，文化强民族强。"当前，我国 5G、人工智能、云计算等数字技术快速发展，数字文化消费展现旺盛需求，如何在新形势下推动文化数字化高质量发展成为重要课题。

2022年，中共中央办公厅、国务院办公厅印发的《关于推进实施国家文化数字化战略的意见》提出，到2035年，建成物理分布、逻辑关联、快速链接、高效搜索、全面共享、重点集成的国家文化大数据体系，中华文化全景呈现，中华文化数字化成果全民共享。

从数字藏品到AI绘画，数字科技推动文化产品新潮流；从虚拟数字人到沉浸式项目，数字科技带来文化场景新体验……数字科技发展日新月异，以区块链、数字孪生、人工智能等为代表的数字技术不断创造着文化产品新形态。

《典籍里的中国》《国家宝藏》《唐宫夜宴》等节目在互联网上"圈粉"无数，文物热、非遗热等纷纷兴起；中国网络文学、网络游戏、电竞产业、国产网剧、音视频作品不断走出国门、蜚声海外；我国网络视频用户规模达10.31亿，数字文化市场用户规模不断扩大；国家公共文化云、智慧广电、智慧图书馆建设深入推进……放眼新时代，在数字技术推动下，我国数字文化资源不断丰富，网络文化精品迭出，网络空间正能量更强劲、主旋律更高昂，中华民族的精神之光璀璨夺目。

数字生活美好图景正在实现——

加快数字社会建设，是推动现代化发展的应有之义，是创造美好生活的重要途径。习近平总书记语重心长地指出："要适应人民期待和需求，加快信息化服务普及""让亿万人民在共享互联网发展成果上有更多获得感"。

党的十八大以来,我国网信事业着力补齐民生短板、优化公共服务,用得上、用得起、用得好的信息服务正在惠及更多百姓。截至 2022 年 12 月,我国网络购物用户规模达 8.45 亿,线上办公用户规模达 5.40 亿,互联网医疗用户规模达 3.63 亿,网上外卖用户规模达 5.21 亿……数字化生活,正在从曾经的美好憧憬变为触手可及的现实。

当前,数字技术日新月异,数字应用层出不穷,只有不断提升全民数字素养,才能更好地适应数字社会新形态。习近平总书记强调:"要提高全民全社会数字素养和技能,夯实我国数字经济发展社会基础。"

2021 年,中央网络安全和信息化委员会印发《提升全民数字素养与技能行动纲要》,为社会公众在新时代拥抱数字文明规划了发展蓝图和行动纲领。实施全民数字素养与技能提升行动,打造全民数字素养与技能培训基地,开展全民数字素养与技能提升试点示范工作……各地各部门纷纷出台有效措施,全民全社会数字素养和技能稳步提升的目标正逐步成为现实。

数字技术守护绿水青山——

2012 年,党的十八大首次把生态文明建设摆到中国特色社会主义事业"五位一体"总体布局的战略位置,系统破解经济发展与生态保护协调难题。生态兴则文明兴。信息时代新的赶考之路上，数字生态文明建设成为一道必答题。

一项项更绿色智慧的数字技术，正守护着美丽中国。

福建构建数字化、网络化、智能化的"生态云"平台；重庆推进入河排污口整治一张图应用平台建设；陕西建立数字乡村生态环境管理平台……各地积极运用大数据、云计算、人工智能、物联网等技术，用"智慧大脑"保护生态环境，美丽中国频展新颜。

一场更绿色环保的变革，正在改变着中国经济的产业结构。

目前，我国已建成153家国家绿色数据中心；5G基站单站址能耗已比2019年商用初期降低了20%以上；数字电网建设积极推进，国网系统内智能电网调度控制系统超400套；数字工厂、智慧矿山等新场景蓬勃兴起……近年来，我国积极推动数字化绿色化协同转型发展，不断书写高质量发展绿色新答卷。

一种更绿色低碳的生活，正成为社会新风尚。

共享单车成为越来越多人的出行选择；全国网约车用户规模超4亿，车辆使用效率极大提升；各地纷纷推出个人碳账户，减碳正式进入个体时代……越来越多的人用实际行动拥抱绿色低碳新生活。

——**强化数字中国关键能力，抢占信息时代发展主动权、竞争主导权**

习近平总书记强调："网络信息技术是全球研发投入最集

中、创新最活跃、应用最广泛、辐射带动作用最大的技术创新领域，是全球技术创新的竞争高地。""要牵住数字关键核心技术自主创新这个'牛鼻子'"。

多少关切，多少厚望，寄托着网络强国、科技强国的梦想。

到 2020 年进入创新型国家行列、到 2030 年跻身创新型国家前列、到 2050 年建成世界科技创新强国……党的十八大以来，我国不仅把创新摆在国家发展全局的核心位置，更描绘出目标明确、步骤清晰的路线图。

思之深，行之笃。

山西太钢，全球最大的不锈钢企业，曾一度巨额亏损。2017 年、2020 年，习近平总书记两次走进这家企业考察调研。

第一次考察时，"85 后"技术员廖席正在进行新项目"手撕钢"的艰难探索，平均每两天失败一次。习近平总书记提出的殷切期望，让他鼓足创新勇气。

彼时，"手撕钢"这种高精尖基础材料，我国并不具备批量生产能力，一度只能靠高价进口。

3 年后，太钢涅槃重生，全球最薄"手撕钢"研制成功。再次见到习近平总书记步入生产车间，廖席既紧张又兴奋。拿起一片"手撕钢"，习近平总书记轻轻扭折了一下，称赞说："百炼钢做成了绕指柔。"习近平总书记深情寄语："希望你们再接再厉，在高端制造业科技创新上不断勇攀高峰，在支撑先进制造业方面迈出新的更大步伐。"

从一穷二白到成为世界上唯一拥有全部工业门类的国家，短短几十年，中国作为制造业大国，科技实力正从量的积累迈向质的飞跃，从点的突破迈向系统能力提升。"墨子号"量子卫星成功发射；世界最大的单口径射电望远镜建成使用；北斗卫星导航系统完成全球组网；世界超级计算机500强中上榜总数多年蝉联第一……近年来，我国紧紧牵住核心技术自主创新的"牛鼻子"，集中资源力量加大前沿技术攻关力度，加快构建自立自强的数字创新体系，在部分领域已经形成全球竞争新优势。

备豫不虞，为国常道。

当前，信息革命时代潮流席卷全球，与之相随的网络安全威胁和风险日益突出，并且向政治、经济、文化、社会、生态、国防等领域传导渗透，深刻认识网络安全风险、有力维护网络空间安全，已成为我们必须面对和解决的重大课题。

"没有网络安全就没有国家安全，没有信息化就没有现代化。"2014年2月27日，习近平总书记主持召开中央网络安全和信息化领导小组第一次会议并发表重要讲话。习近平总书记的讲话掷地有声、字字千钧。习近平总书记深刻指出："网络安全和信息化是一体之两翼、驱动之双轮，必须统一谋划、统一部署、统一推进、统一实施。"

聪者听于无声，明者见于未形。

2017年6月1日,《中华人民共和国网络安全法》正式施行,这是我国网络安全领域的首部基础性、框架性、综合性法律。此后,我国相继颁布《中华人民共和国数据安全法》《关键信息基础设施安全保护条例》《中华人民共和国个人信息保护法》等法律法规,出台《网络安全审查办法》《云计算服务安全评估办法》《数据出境安全评估办法》等政策文件,建立一批网络安全、数据安全管理相关重要制度,基本构建起网络安全政策法规体系的"四梁八柱"……

建成工业互联网安全态势感知平台、车联网安全监测实验平台;2021年我国网络安全产业规模达2000亿元,较2020年增长16.6%;全国超500所本科和职业院校开设网络安全专业;连续9年在全国范围举办国家网络安全宣传周……

党的十八大以来,我国网络安全顶层设计不断优化,数字安全法律法规体系建设日趋完善,网络安全保障体系和能力建设全面加强,网络安全教育、技术、产业融合发展稳步推进,全社会网络安全意识和能力显著提高,为维护国家网络空间主权、安全和发展利益提供了坚实保障。

——坚持发展与规范并重,不断优化数字发展环境

"发展数字经济,离不开一批有竞争力的网信企业。""要大力发展数字经济,提升常态化监管水平,支持平台企业在引领发展、创造就业、国际竞争中大显身手。"习近平总书记十分关

心和重视网信企业的发展。

不断向好的经济基本面,是网信企业的信心之源。

2022 年我国 GDP 达 121 万亿元,5 年年均增长 5.2%,10 年增加近 70 万亿元、年均增长 6.2%,在高基数基础上实现了中高速增长、迈向高质量发展。

"国内生产总值增长 5% 左右",2023 年《政府工作报告》点明了我国发展主要预期目标,释放出推动经济实现整体好转、回归潜在增长率的积极信号。

不断优化的营商环境,是网信企业的坚强后盾。

习近平总书记指出,"要把构建亲清政商关系落到实处,为民营企业和民营企业家排忧解难,让他们放开手脚,轻装上阵,专心致志搞发展。""要坚定不移支持网信企业做大做强"。中央网信办等四部门召开座谈会,支持互联网企业健康持续发展;市场监管总局召开会议,明确要加快出台支持平台企业健康发展的政策措施……各部门相继推出有力举措,为网信企业健康发展提供有力支撑、服务和保障。

规范与发展,是数字经济"一体之两翼"。

近年来,我国平台经济迅速发展,新应用新业态新模式不断涌现,但与此同时,侵害个人隐私、平台垄断、算法滥用等问题时有出现。

《中华人民共和国反垄断法》完成修订并开始实施,《中华人民共和国反电信网络诈骗法》审议通过，《关于推动平台经济规范健康持续发展的若干意见》发布，数字市场竞争制度建设取得重要进展；"清朗"系列专项行动持续开展，重拳整治网络生态突出问题；出台《互联网信息服务深度合成管理规定》《互联网弹窗信息推送服务管理规定》等新规，规范新技术新业态发展……近年来，我国不断完善数字法治建设，深入开展网络空间生态治理，持续提升数字治理水平，为建设数字中国营造健康和谐的发展环境。

发展好、运用好、治理好互联网，让互联网更好造福人类，是国际社会的共同责任。

2022年6月，在全球发展高层对话会上，习近平总书记指出："共创普惠平衡、协调包容、合作共赢、共同繁荣的发展格局。"

2022年11月，二十国集团领导人第十七次峰会在印度尼西亚巴厘岛举行，习近平总书记指出："合力营造开放、包容、公平、公正、非歧视的数字经济发展环境"。

心合意同，谋无不成。

从提出《全球数据安全倡议》到全球发展倡议；从《二十国集团数字经济发展与合作倡议》到《金砖国家数字经济伙伴关系框架》；从举办世界互联网大会到成立世界互联网大会国际组织；从与多国签署5G合作协议到推进"丝路电商"……中国

着力推动联合国框架下的国际治理进程，与世界各国共享互联网发展成果，推动构建一个和平、安全、开放、合作、有序的网络空间。

全面提升数字中国建设整体性系统性协同性，为推进中国式现代化提供强大动力

当今世界，信息化浪潮风起云涌，加快数字化发展、建设数字中国，是顺应发展形势新变化、构筑国家竞争新优势、全面建设社会主义现代化国家的必然要求。

党的十八大以来，以习近平同志为核心的党中央牢牢把握信息革命的"时"与"势"，全面部署数字中国建设，推动数字中国建设不断取得新成就、迈上新台阶。数字经济发展规模全球领先、数字社会服务更加普惠便捷、数字政府治理服务效能显著增强……

行进十年，非凡十年，新时代的"中国号"巨轮驶入新的历史航程。

"从现在起，中国共产党的中心任务就是团结带领全国各族人民全面建成社会主义现代化强国、实现第二个百年奋斗目标，以中国式现代化全面推进中华民族伟大复兴。"2022年10月，新时代的第十个年头，民族复兴行进到关键一程的重要节点，

中国共产党第二十次全国代表大会召开，习近平总书记发出新的动员令。

春潮澎湃，激荡万千气象。

当前，我国发展进入战略机遇和风险挑战并存、不确定难预料因素增多的时期，必须准备经受风高浪急甚至惊涛骇浪的重大考验。加快数字中国建设，需要持续凝聚发展合力，着力破解基础性关键性难题，不断增强应对挑战、抵御风险能力。

——到 2025 年，基本形成横向打通、纵向贯通、协调有力的一体化推进格局，数字中国建设取得重要进展。

——到 2035 年，数字化发展水平进入世界前列，数字中国建设取得重大成就。

绘蓝图、定目标、向未来……《数字中国建设整体布局规划》为加快建设数字中国明确清晰路线、指明前进方向。站在新的起点，以数字中国建设为引领，中国已经吹响了向数字时代进军的号角！

"在新征程上作出无负时代、无负历史、无负人民的业绩，为推进强国建设、民族复兴作出我们这一代人的应有贡献！""不断为强国建设、民族复兴伟业添砖加瓦、增光添彩！"

浩荡春风中，2023 年全国两会胜利闭幕，习近平总书记的重要讲话鼓舞人心、催人奋进，激励亿万人民信心满怀在全面建设社会主义现代化国家新征程上阔步前行。

历史的契机，只眷顾坚定者、奋进者、搏击者。

回望"触网"30年，中国迎来历史性巨变；放眼当今世界，信息技术革命洪波涌起、风光无限。在习近平新时代中国特色社会主义思想特别是习近平总书记关于网络强国的重要思想指引下，我们必将紧紧抓住大有可为的历史机遇期，自信自强、守正创新，踔厉奋发、勇毅前行，全面提升数字中国建设的系统性、整体性、协同性，在全面建设社会主义现代化国家新征程中奋力谱写数字中国建设新篇章，为以中国式现代化全面推进中华民族伟大复兴注入强大动力。

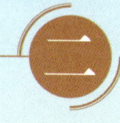

春来潮涌东风劲

——关于数字化推动高质量发展

春回大地，潮起东方。

2023年的春天，中国经济迅速复苏、充满活力，再次踏上发展快车道，其中，数字经济成为一道耀眼的风景。数字化推动中国经济高质量发展，为推进中国式现代化注入强劲动能。

党的十八大以来，在以习近平同志为核心的党中央掌舵领航下，中国经济航船乘着数字化的东风，踏着信息化的浪潮，在风雨中笃行，于逆境中奋起，在高质量发展航道上乘势而上、破浪前行，取得历史性成就、发生历史性变革，正加速驶向全面建设社会主义现代化国家的新征程。

扬帆破浪风正劲——敏锐把握数字化转型历史机遇，推动中国经济走上高质量发展航道

自20世纪60年代以来，在全球100多个中等收入经济体中，只有十几个成为高收入经济体。能否成为高收入经济体，决定性因素在于能否在经历高速增长阶段后，实现从量的扩张转向质的提高。

时间回到2012年12月，习近平总书记在党的十八大后首次离京考察，便在广州主持召开了一场经济工作座谈会，与广东各级干部代表和部分企业家交流。在这场座谈会上，习近平总书记一边认真听，一边仔细记，不时插话交流："加快推进经

济结构战略性调整是大势所趋,刻不容缓。"

彼时,中国经济增速自21世纪以来首次滑落至8%以下,背后一系列隐忧开始显现:一些地方和部门片面追求速度规模,发展方式粗放,经济的结构性体制性矛盾不断积累,发展不平衡、不协调、不可持续问题十分突出。

回京后不到一周,习近平总书记就在中央经济工作会议上强调:"不能不顾客观条件、违背规律盲目追求高速度。"

改革开放以来,中国用几十年时间就走完了发达国家几百年走过的发展历程,成功甩掉了积贫积弱的"穷帽子",经济总量跃居世界第二,创造了举世瞩目的发展奇迹。经济发展到一定程度,新情况新问题随之而来:经济下行压力加大,资源环境约束日益强化,产业升级阻力重重,传统动能不断削弱,等等。

面对经济增长速度换挡期、结构调整阵痛期、前期刺激政策消化期"三期叠加"新形势,一味追求GDP的老路显然已经走不通。

那么,新路在哪里?

"就在科技创新上,就在加快从要素驱动、投资规模驱动发展为主向以创新驱动发展为主的转变上。"习近平总书记为中国经济转型指明方向。

新一轮科技革命和产业变革与我国加快转变经济发展方式形成历史性交汇,为我们实施创新驱动发展战略提供了难得的重大机遇。实施创新驱动发展战略需要新动能。新动能从何而来？习近平总书记将目光瞄准了数字化，鲜明指出："世界各国都把推进经济数字化作为实现创新发展的重要动能"。

对发展全局的深刻洞察，离不开深入的理论思考。

从 2016 年在十八届中共中央政治局第三十六次集体学习时强调"做大做强数字经济，拓展经济发展新空间"，到二十国集团领导人杭州峰会上首次提出发展数字经济的倡议；从 2017 年在十九届中共中央政治局第二次集体学习时强调"要加快建设数字中国，构建以数据为关键要素的数字经济"，到 2018 年在全国网络安全和信息化工作会议上强调"加快推动数字产业化""要推动产业数字化"；从 2021 年在致世界互联网大会乌镇峰会的贺信中指出"激发数字经济活力"，到十九届中共中央政治局第三十四次集体学习时强调"不断做强做优做大我国数字经济"……习近平总书记作出一系列重要讲话、重要指示，深刻阐明了数字化推动高质量发展的重大意义和实践路径。

对发展全局的准确把握，离不开持续的实践探索。

"中小企业能办大事！""创新创造创业离不开中小企业，我们要为民营企业、中小企业发展创造更好条件。"……2018 年 10 月，习近平总书记来到广州明珞汽车装备有限公司，同在场的中小民营企业负责人亲切交谈。

据广州明珞汽车装备有限公司负责人回忆，2012 年时，面对发展困境，公司作了一个大胆决定：邀请外国数字化专家进行虚拟调试培训，全力以赴开展数字化转型。如今，该公司已成为全球唯一一家实现数字化工厂虚拟制造与工业物联网大数据应用落地的智能制造企业，实施的一汽红旗长春工厂 H 焊装车间效率提升项目实现了 14% 的产能提升，节约了 20% 的人工成本，年营收增加了 3 亿多元。

多年来，习近平总书记的调研足迹遍布大江南北、内陆边疆，新时代中国的高质量发展棋局精准落子。2020 年 4 月，在浙江考察时，他指出，"要抓住产业数字化、数字产业化赋予的机遇""大力推进科技创新，着力壮大新增长点、形成发展新动能"。2020 年 8 月，在安徽考察时，他表示，"推动制造业加速向数字化、网络化、智能化发展"。在扎实推进长三角一体化发展座谈会上，他指出，"要发挥数字经济优势，加快产业数字化、智能化转型"。2021 年 3 月，在福建考察时，他强调，"优化提升产业结构，加快推动数字产业化、产业数字化"。2021 年 4 月，在广西考察时，他指出，"走出一条符合本地实际的高质量发展之路""要推动传统产业高端化、智能化、绿色化，推动全产业链优化升级"。

党的十八大以来，习近平总书记以高瞻远瞩的发展眼光和坚如磐石的战略定力，牢牢把握数字化、网络化、智能化发展趋势，作出一系列新论断新部署新要求，为引领中国经济从高速增长阶段转向高质量发展阶段指明了前进方向、提供了根本遵循。在习近平总书记关于网络强国的重要思想指引下，《网络强国战略实施纲要》《数字经济发展战略纲要》《"十四五"数字经济发展规划》《"十四五"国家信息化规划》《"十四五"大数据产业发展规划》等重大战略规划陆续出台，形成了推动数字经济发展的强大合力，极大地激发和释放了我国数字经济发展的巨大潜能。

新时代十年来，我国数字经济规模从11万亿元增长到45.5万亿元，数字经济占国内生产总值比重由21.6%提升至39.8%；电子商务交易额、移动支付交易规模位居全球第一；一批网络信息企业跻身世界前列。2022年，中国规模以上高技术制造业增加值比上年增长7.4%，实物商品网上零售额占社会消费品零售总额比重达27.2%，比上年提高2.7个百分点。

新时代的中国勇立时代潮头，牢牢把握数字化历史机遇，"中国号"巨轮在高质量发展新航道上行稳致远。

奋楫逐浪天地宽——发挥高质量发展重要引擎作用，为中国经济注入强劲动力

2023年春节，世界再次见证了中国经济的活力与韧性。春节假期，国内旅游出游3.08亿人次，实现国内旅游收入3758.43亿元；春节档电影票房达67.58亿元；全国消费相关行业销售收

入同比增长 12.2%；全国揽投快递包裹量超 7 亿件；全国网上年货节食物商品网上零售额同比增长 14.5%。据世界经济论坛 2023 年 1 月公布的最新名单，全球 132 座"灯塔工厂"，50 座在中国；全球"未来之城"20 强，中国独占 5 席……

在推动我国经济由高速增长阶段转向高质量发展阶段的历史进程中，数字化在构建新发展格局、建设现代化经济体系、构筑国家竞争新优势方面释放出强劲动能，成为推动中国经济高质量发展的重要引擎。

——把技术和发展的主动权牢牢掌握在自己手里

解决"卡脖子"问题，习近平总书记高度关注。2016 年 4 月，在网络安全和信息化工作座谈会上，习近平总书记曾这样比喻"卡脖子"的风险："如果核心元器件严重依赖外国，供应链的'命门'掌握在别人手里，那就好比在别人的墙基上砌房子，再大再漂亮也可能经不起风雨，甚至会不堪一击。"

"实现高质量发展，必须实现依靠创新驱动的内涵型增长。我们更要大力提升自主创新能力，尽快突破关键核心技术。这是关系我国发展全局的重大问题，也是形成以国内大循环为主体的关键。"2020 年 8 月，习近平总书记主持召开经济社会领域专家座谈会时，强调要以科技创新催生新发展动能。

各地区各部门、各行各业牢记习近平总书记的殷殷嘱托，坚定不移走自主创新道路，在关键核心技术上奋力攻坚、勇攀高峰，重大创新成果不断涌现。"九章"面世、"北斗"组网；"嫦娥"奔月，"蛟龙"潜底；"中国芯"突围，"智能造"升级……一次次跨越，书写一次次奇迹，从浩瀚星空到海底秘境，我国成功进入创新型国家行列。合肥本源量子成功交付一台量子计算机，我国成为世界上第三个具备量子计算机整机交付能力的国家；京东方生产出新一代柔性显示屏，厚度仅有一张白纸的1/3；中国信科完成国内首次P比特级光传输系统实验，实现在一根光纤上能够近300亿人同时通话……广大企业瞄准世界科技前沿，全面提升自主创新能力，在关键核心技术领域取得重要突破。

——数字信息基础设施建设不断提速

近年来，我国持续强化信息领域前沿技术布局，大力推动以5G网络、全国一体化数据中心体系、国家产业互联网等为抓手的高速泛在、天地一体、云网融合、智能敏捷、绿色低碳、安全可控的智能化综合性数字信息基础设施建设，取得一系列重要成果和显著成效。

目前，我国算力规模位居全球第二；固定宽带从百兆提升到千兆，全国所有地级市全面建成光网城市；移动通信实现跨越式发展，建成全球规模最大的5G网络和移动物联网；工业互联网等新型基础设施建设不断推进，具有一定影响力的工业互联网平台超过150个……数字信息基础设施成为经济社会发展的信息"大动脉",助力中国经济实现高质量发展。

——产业结构优化升级持续深化

"数字经济具有高创新性、强渗透性、广覆盖性,不仅是新的经济增长点,而且是改造提升传统产业的支点,可以成为构建现代化经济体系的重要引擎。"2021年10月,十九届中共中央政治局进行第三十四次集体学习,习近平总书记发表重要讲话,深刻阐释数字经济赋能经济社会高质量发展的重要作用。

当前,新一轮信息革命和产业变革深入推进,数字化对经济发展的放大、叠加、倍增作用日益凸显。有研究表明,数字化程度每提高10%,人均GDP将增长0.5%至0.62%。近年来,我国不断加快数字产业化和产业数字化步伐,推动数字技术和实体经济深度融合,赋能传统行业数字化转型升级,通过技术和应用创新激活新业态、新模式,为经济发展增添新活力,为高质量发展注入新动能。

江淮腹地,"中国声谷",依托科大讯飞打造的合肥智能语音产业集群,2022年实现主营业务收入超过3000亿元。

西湖之滨,"中国视谷",大华科技和海康威视领军的杭州数字安防产业集群,2021年核心产业实现营业收入2720.8亿元。

荆楚大地,"中国光谷",全球首款128层三维闪存存储芯片、我国首个400G硅光模块等一批科研成果和国产化替代产品在这里实现突破。

随着我国数字经济持续快速发展,一批数字产业高地、数字产业集聚区和数字产业集群涌现,为推动我国经济高质量发展提供了有力支撑。上图分别为合肥"声谷"、武汉"光谷"、杭州"视谷"所在地(左上:新华社记者 张端 摄,右上:新华社记者 程敏 摄,下:浙江省委网信办 供图)

面向经济主战场,我国不断以高质量的科技供给推动产业迈向中高端,以新一代信息技术、人工智能、生物技术、新能源、新材料、高端装备、绿色环保等为代表的战略性新兴产业迅速发展、不断壮大。在我国 25 个先进制造业集群中,六成以上主导方向是数字经济;截至 2022 年 6 月,我国登记在册的数字核心产业企业达509.5万户;海尔、海信、三一等一大批大中型企业,逐步完成从信息化到数字化的升级,努力打造全球智能制造的示范样板……

数字经济与实体经济的"双向奔赴"和深度融合,有力推动了我国产业结构的优化升级,我国产业链供应链的现代化水平不断提高。

——以绿色化数字化协同转型推动建设美丽中国

坚持走绿色化发展之路,是立足新发展阶段、贯彻新发展理念、构建新发展格局的必然要求。数据显示,2017年至2020年,我国信息通信领域规模以上数据中心年耗电量年均增长28%;2021年,全国数据中心耗电量达2166亿度……我国数字产业绿色转型发展极为迫切。

2021年10月,国务院印发《2030年前碳达峰行动方案》,明确提出推进工业领域数字化智能化绿色化融合发展。

2022年11月,中央网信办等5部门联合印发通知,确定在河北省张家口市、辽宁省大连市、黑龙江省齐齐哈尔市等10个地区首批开展数字化绿色化协同转型发展(双化协同)综合试点……

一项项措施坚决有力,一个个成果令人欣喜。

我国首个全息数字电网在江苏建成,每年可节约电网运维成本约2亿元;5G基站单站址能耗较2019年商用初期降低20%

以上；全国规划在建的大型以上数据中心平均电能利用效率（PUE值）降至1.3以下；国内大型数字科技企业纷纷响应号召，制订低碳发展计划……数字化绿色化协同发展转型深入推进，我国数字空间奏响"双碳"发展最强音。

——坚定不移支持网信企业做大做强

习近平总书记十分关心和重视网信企业发展。

2022年12月15日至16日，党的二十大后首次中央经济工作会议在京举行。"要大力发展数字经济，提升常态化监管水平，支持平台企业在引领发展、创造就业、国际竞争中大显身手。"这既是明确要求，更是殷切期待。在这场关键时期召开的关键会议中，鼓励民营经济发展的风向标再度明晰。

"我们必须亮明态度、决不含糊，始终坚持社会主义市场经济改革方向，坚持'两个毫不动摇'。""党的二十大报告鲜明提出'促进民营经济发展壮大'，这是长久之策，不是权宜之计。"习近平总书记语气坚定。会议对"两个毫不动摇"的表述更加坚决、明确，提出要从制度和法律上把对国企民企平等对待的要求落实下来，从政策和舆论上鼓励支持民营经济和民营企业发展壮大，传递出优化民营企业发展环境、促进民营经济发展壮大的重要信号。

企业是经济的细胞，增强企业的发展能力，才能强化中国经济的肌体。2018年4月，在全国网络安全和信息化工作会议上,习近平总书记指出"发展数字经济,离不开一批有竞争力的网信企业";2022年10月,习近平总书记在党的二十大报告中强调"支持中小微企业发展""支持专精特新企业发展"。

国家发展改革委发挥金融支持数字经济发展的作用,扩大数字经济产业中长期贷款的投放;中央网信办等四部门召开座谈会,支持互联网企业健康持续发展;银保监会发布相关意见,鼓励相关公司为专精特新等领域提供专业化风险减量服务。这一系列有力有效的政策举措,增强了企业应对困难、迎接挑战的底气。

截至目前,我国数字经济相关企业超1600万家,已培育出近9000家专精特新"小巨人"企业;新能源汽车产销连续8年保持全球第一;在云计算产业领域,阿里、腾讯、华为3家企业进入全球前6位……我国网信企业正释放出澎湃发展活力。

数字经济的健康有序发展离不开规范化的引导。近年来,我国平台经济迅速发展,互联网平台企业快速壮大,在满足消费者需求等方面作出了积极贡献。但与此同时,市场垄断、无序扩张、野蛮生长的问题日益凸显,限制竞争、泄露个人隐私、算法滥用等现象时有发生。

网络安全法、数据安全法、个人信息保护法等一系列法律法规陆续出台,数字经济发展部际联席会议等跨部门协调机制逐步建立……近年来,我国数字经济领域立法步伐加快,政策制度体系不断完善，数字经济发展环境逐步优化，为推动我国网信企业健康有序发展提供了有力服务、支撑和保障。

——开辟数字合作广阔空间

2022年11月，二十国集团领导人第十七次峰会在印度尼西亚巴厘岛举行。习近平总书记指出，希望各方激发数字合作活力，让数字经济发展成果造福各国人民。2016年9月，中国主办二十国集团领导人杭州峰会，首次将数字经济纳入二十国集团议程，提出创新发展方式、挖掘增长新动能。从推动数字经济连续6年成为二十国集团国家讨论的核心议题之一，到发出数字合作倡议，"数字经济"成为习近平总书记近年来在一系列外事活动、国际会议和重要场合中经常讲到的高频热词。

近年来，我国数字经济国际合作持续深化。中国积极搭建世界互联网大会、世界5G大会、世界人工智能大会等开放平台，与各国加强数字领域合作，积极开展双边、多边数字治理合作，参与数字领域国际规则和标准制定。从推动制定《二十国集团数字经济发展与合作倡议》，共同发起《"一带一路"数字经济国际合作倡议》，提出《全球数据安全倡议》，发布《携手构建网络空间命运共同体行动倡议》，到申请加入《数字经济伙伴关系协定》，中国始终致力于推动构建和平、安全、开放、合作、有序的网络空间，构建开放、公平、非歧视的数字营商环境，为全球数字治理贡献中国方案和中国智慧。

与 16 个国家签署"数字丝绸之路"合作谅解备忘录；中国—东盟信息港建设深入推进；在非洲 20 多个国家实施"万村通"项目，努力弥合数字鸿沟；"丝绸电商"朋友圈不断扩大……新时代的中国向世界敞开怀抱，积极推动国家间数字经济领域更广范围更深层次的合作，在同世界开放相融中共享发展机遇、汇聚发展力量。

欲借长风乘势起——以数字化开创高质量发展新局面

回望新时代十年，中国面临的形势之复杂、斗争之严峻、改革发展稳定任务之艰巨，世所罕见、史所罕见。虽然经历了涉滩之险、爬坡之艰、闯关之难，中国经济却在战胜挑战中发展、在风雨洗礼中成长、在历经考验中壮大，取得历史性成就、发生历史性变革、转向高质量发展。

2022 年，党的二十大胜利召开，吹响了奋进新征程的时代号角。全面建设社会主义现代化国家的首要任务是什么？

高质量发展，这是习近平总书记给出的明确答案。坚持高质量发展，需要处理好"量"和"质"的关系，不是说量的扩张不重要，而是要在提高质的过程中实现量的增长。如何推动经济实现质的有效提升和量的合理增长？党的二十大报告提出："加快发展数字经济，促进数字经济和实体经济深度融合，打造具有国际竞争力的数字产业集群。"

《中华人民共和国国民经济和社会发展第十四个五年规划和2035年远景目标纲要》将"打造数字经济新优势"作为一章专门列出，明确提出要"充分发挥海量数据和丰富应用场景优势，促进数字技术与实体经济深度融合，赋能传统产业转型升级，催生新产业新业态新模式，壮大经济发展新引擎"。

国务院印发的《"十四五"数字经济发展规划》为中国数字经济创新发展描绘了宏伟蓝图："到2025年，数字经济迈向全面扩展期，数字经济核心产业增加值占GDP的比重达到10%，数字化创新引领发展能力大幅提升，智能化水平明显增强，数字技术与实体经济融合取得显著成效，数字经济治理体系更加完善，我国数字经济竞争力和影响力稳步提升。"

在2022年中央经济工作会议上，习近平总书记强调："明年经济工作千头万绪，需要从战略全局出发，抓主要矛盾，从改善社会心理预期、提振发展信心入手，抓住重大关键环节，纲举目张做好工作。"

从2022年底到2023年初，全国范围内推出的一系列举措已为2023年经济发展积蓄了强大动能。2023年成为经济全面复苏和发展的重要一年。

作为当前中国经济发展的"主旋律",数字化转型成为2023年地方政府工作部署的重要内容,成为各地2023年经济发展的重要抓手。北京提出2023年数字经济增加值占地区生产总值比重达42%左右;广东提出2023年新推动5000家规模以上工业企业数字化转型计划;江西计划2023年培育数字经济"专精特新"企业100家以上;江苏提出2023年深入实施数字经济核心产业加速行动计划。

北京正积极推动北京数据特区建设,这是贯彻实施《北京市数字经济促进条例》的一项重要举措,将加快北京成为全球数字经济标杆城市的步伐。上海致力于打造具有全球影响力的数字经济发展高地,《上海市数字经济发展"十四五"规划》提出,到2025年底,上海数字经济增加值力争达到3万亿元,占全市生产总值的比重大于60%。

2022年底,中共中央、国务院发布《关于构建数据基础制度更好发挥数据要素作用的意见》,对做强做优做大数字经济、增强经济发展新动能提出了具体意见。

2023年的春天,神州大地春潮涌动,一派勃勃生机。从边陲小镇到繁华都市,从低沟深海到高原珠峰,生产车间机器轰鸣,重大项目火热推进,创新成果竞相涌现,一盘风云激荡的数字经济高质量发展大棋局在中华大地上铺展开来。

春来潮涌东风劲。

2023年1月，联合国发布《2023年世界经济形势与展望》报告，预测2023年中国经济增速将达到4.8%；国际货币基金组织将2023年中国经济增长预期大幅上调至5.2%，同时预计2023年中国经济对全球增长的贡献率将达到1/4。"中国经济反弹势必将为全球经济注入一剂急需的强心针。""世界经济的发展轨迹很大程度上将由中国消费者决定。"国际社会对中国经济的信心进一步增强。

数字化的东风已经吹来。据中国网络空间研究院预测，到2025年，我国数字经济规模将超过60万亿元。据国际数据公司IDC预测，全球对数字转型的投资将以每年17.1%的复合速度增长，2023年这类投资预计将达到2.3万亿美元。

风好正是扬帆时。

百舸争流，唯有弄潮儿才能勇立潮头；风过隘口，唯有奔跑者才能乘势而上。站在新的历史起点，在以习近平同志为核心的党中央掌舵领航下，在全党全国各族人民的团结奋斗下，中国经济航船一定能乘着数字化的东风，在全面建设社会主义现代化国家的新征程上，驶向高质量发展的美好明天。

三

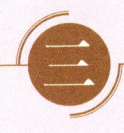

百舸扬帆正当时
——关于数字基础设施建设

九层之台，起于累土。

放眼全球，新一轮科技革命和产业变革加速演进，世界各国纷纷把推进数字基础设施建设作为实现创新发展的重要动能，不断激活新应用、拓展新业态、创造新模式。在全球经济复苏乏力的背景下，数字基础设施以关键底座之力不断支撑引领着经济发展的新方向。

风鹏正举海天阔，更扬云帆立潮头。

党的十八大以来，在以习近平同志为核心的党中央掌舵领航下，我国信息化数字化发展拔节而上、积厚成势，建成了全球规模最大、技术领先、性能优越的数字基础设施，整体水平实现跨越式提升，稳稳托举起数字中国大厦。中国发展脉动越发强劲，数字新基建支撑经济社会发展的战略性、基础性、先导性作用日益凸显。

把握"时"与"势"，全面部署数字基础设施建设

纵观世界文明史，人类先后经历农业革命、工业革命、信息革命，每一轮科技革命都孕育出新的基础设施，并进一步推动产业变革向纵深发展，引领新的经济转型升级。

欲筑室者，先治其基。对于筑牢数字基础设施建设这个信

息时代的发展基石，习近平总书记有着深远思考。

2014年2月27日，在中央网络安全和信息化领导小组第一次会议上，习近平总书记强调："要有良好的信息基础设施，形成实力雄厚的信息经济。""建设网络强国的战略部署要与'两个一百年'奋斗目标同步推进，向着网络基础设施基本普及、自主创新能力显著增强、信息经济全面发展、网络安全保障有力的目标不断前进。"习近平总书记站在历史和全局高度，审时度势提出建设网络强国的战略目标，并将拥有良好的信息基础设施作为建设网络强国的重要内容。

每当新的机遇与变革出现，谁先把握机遇、拥抱变革，谁就能赢得发展先机。彼时，信息经济作为一种新的经济形态，正在成为促进经济增长的重要途径和驱动创新发展的重要力量。以信息基础设施建设推进信息经济全面发展，是因势而谋、应势而动、顺势而为的重要战略举措。

2014年，习近平总书记作出了我国经济发展进入新常态的重大判断，深刻阐述了新常态下速度变化、结构优化、动力转换的特点：经济发展方式正从规模速度型粗放增长转向质量效率型集约增长，经济结构正从以增量扩能为主转向调整存量、做优增量并存的深度调整，经济发展动力正从传统增长点转向新的增长点。

新常态要有新动力，新动力从何而来？"我们要加强信息基础设施建设，强化信息资源深度整合，打通经济社会发展的信息'大动脉'。"习近平总书记以"大动脉"作喻，深刻阐明信息基础设施对于经济社会发展的战略性、基础性、先导性作用。加强信息基础设施建设，以信息流带动技术流、资金流、人才流、物资流，有助于推动资源要素快捷流动、市场主体加速融合，提高经济运行效率和质量。

对发展大势的深刻洞察与准确把握，离不开长时间的理论思考和实践探索。

早在20世纪80年代，时任福建省宁德地委书记的习近平同志就敏锐认识到信息基础设施对经济社会的重要作用，他指出，"经济要发展，邮电要先行。""相比较还是邮电通信投资少，见效快，可行性大，通信改善可以弥补交通不足。这就是所谓'脚不够长，要借助顺风耳'。"在习近平同志有力推动下，宁德实现了"弱鸟先飞"的通信跨越，当地硬件投资环境极大改善，企业如雨后春笋般在闽东大地拔地而起。

进入21世纪，2002年5月17日，第34个世界电信日，时任福建省省长的习近平同志在《福建日报》发表题为《缩小数字鸿沟　服务经济建设》的署名文章。在这篇文章中，习近平同志将抓好信息化基础设施建设作为推进数字福建的重要内容，为加快福建信息化数字化转型指明了前进方向。

当前，信息革命浪潮风起云涌，互联网、大数据、云计算、人工智能、区块链等技术加速创新，日益融入经济社会发展各领域全过程，加快以数字基础设施为核心的新型基础设施建设的重要性、必要性、紧迫性日益凸显。

2018年，中央经济工作会议提出："我国发展现阶段投资需求潜力仍然巨大，要发挥投资关键作用，加大制造业技术改造和设备更新，加快5G商用步伐，加强人工智能、工业互联网、物联网等新型基础设施建设"。这是新型基础设施建设首次出现在中央层面的会议中。

2020年，新型基础设施建设多次在十九届中共中央政治局常务委员会会议、国务院常务会议等中央会议中出现。1月3日，国务院常务会议提出"出台信息网络等新型基础设施投资支持政策"；2月14日，中央全面深化改革委员会第十二次会议指出"基础设施是经济社会发展的重要支撑，要以整体优化、协同融合为导向，统筹存量和增量、传统和新型基础设施发展，打造集约高效、经济适用、智能绿色、安全可靠的现代化基础设施体系"；3月4日，十九届中共中央政治局常务委员会召开，会议指出"加快5G网络、数据中心等新型基础设施建设进度"……

这些政策与要求，是以习近平同志为核心的党中央深刻洞察和敏锐把握信息革命发展大势作出的重要判断，是加快数字基础设施建设的重要指引。

当今时代，数字经济发展速度之快、辐射范围之广、影响程度之深前所未有，正在成为重组全球要素资源、重塑全球经济结构、改变全球竞争格局的关键力量。

2021年10月，一场围绕"推动我国数字经济健康发展"的集体学习在中南海举行。"要加快新型基础设施建设，加强战略布局，加快建设高速泛在、天地一体、云网融合、智能敏捷、绿色低碳、安全可控的智能化综合性数字信息基础设施，打通经济社会发展的信息'大动脉'。"习近平总书记明确我国数字信息基础设施建设方向，具有很强的战略性、针对性、指导性，为高质量推进数字信息基础设施建设提供了科学指引。

2022年4月，习近平总书记主持召开中央财经委员会第十一次会议，研究全面加强基础设施建设问题。会议指出："加快新型基础设施建设，提升传统基础设施水平。"统筹推动传统基础设施与新型基础设施建设发展，"新""旧"之间，是发展活力的迸发、发展动能的转变。

面向新时代，一系列部署相继展开。《中华人民共和国国民经济和社会发展第十四个五年规划和2035年远景目标纲要》将"加快建设新型基础设施"作为专门一节列出；《"十四五"国家信息化规划》提出建设泛在智联的数字基础设施体系；《"十四五"数字经济发展规划》提出优化升级数字基础设施；《扩大内需战略规划纲要（2022—2035年）》要求系统布局新型基础设施；各地纷纷设立新一年建成 5G 基站目标规划等，系统推进数字基础设施建设。

从中央到地方，一系列具体安排密集落地，一项项惠及当下、着眼未来的数字基础设施工程加速实施，信息"大动脉"持续打通，激活经济发展的"一池春水"。在数字基础设施有力支撑下，2021 年我国数字经济规模达 45.5 万亿元，总量稳居世界第二。

塑造发展新动能新优势，打通经济社会发展的信息"大动脉"

"要想富，先修路"，这是中国人口口相传同时亲眼见证的朴素道理。在数字时代，这条"路"正展示出新的内涵与创造力。

近年来，我国不断加强数字基础设施布局，统筹推进网络基础设施、算力基础设施、应用基础设施等建设，大力推进数字基础设施体系化发展和规模化部署，取得显著成效，为我国经济高质量发展注入强大动力。

——网络基础设施实现跨越式发展

"正式开通！"随着云南省独龙江乡 5G 试验基站开通，并成功拨通省内首个 5G 高清视频通话，"互联网＋教育""互联网＋医疗""互联网＋电商"等在独龙江乡纷纷落地，让独龙族这个昔日最晚进入现代社会的民族实现了信息化"一跃千年"的梦想。

从城市到乡村，从矿井到珠峰，从海岛到戈壁，爬高塔、装天线、铺光缆……我国网络基础设施建设者们不畏艰险、攻坚克难，打造出一张覆盖全国、技术先进、品质优良的全球最大 5G 精品网。

从 1G 空白、2G 跟随，到 3G 突破、4G 并跑，再到 5G 基站数量、独立组网规模、终端连接数均居世界首位，中国 5G 为何能够领跑世界？

关键在于下好"先手棋"，打好"主动仗"。

早在 2013 年，我国就成立了由"产、学、研、用"各方组成的 5G 推进组（IMT-2020 推进组），推动 5G 技术研发、验证技术方案、支撑国际标准的制定。

3 年后，2016 年 1 月，中国宣布全面启动 5G 技术研发实验，计划在 2016—2018 年三年间分阶段进行 5G 关键技术试验、5G 技术方案和系统验证；7 月，中共中央办公厅、国务院办公厅印发《国家信息化发展战略纲要》，明确提出到 2020 年第五代移动通信（5G）技术研发和标准取得突破性进展。

为者常成，行者常至，历史从不辜负实干者。

2019 年 6 月 6 日是我国 5G 商用进程中意义非凡的一天。这一天，工业和信息化部向中国电信、中国移动、中国联通、中国广电发放 5G 商用牌照，中国正式进入 5G 商用元年。中国信息通信研究院数据显示，在经济社会直接贡献方面，预计2020年至2025年，中国5G商用直接带动的经济总产出达10.6万亿元。潮流激荡，万泉奔涌。中国成为全球首个基于独立组网模式规模建设5G网络的国家；截至2022年底，我国累计建设开通5G基站231.2万个；中国声明1.8万项5G标准必要专利族，全球占比近40%。

民生无小事，枝叶总关情。

"相比城市，农村互联网基础设施建设是我们的短板。要加大投入力度，加快农村互联网建设步伐，扩大光纤网、宽带网在农村的有效覆盖。"基础设施建设事关群众生活，习近平总书记始终挂念在心。

从发布"宽带中国"战略，到全面实施信息进村入户工程、推进网络提速降费，光纤宽带跨越山海，连接起中华大地每一个角落。目前，我国已实现"村村通宽带""县县通5G""市市通千兆"，农村与城市"同网同速"基本实现，城乡数字鸿沟有效弥合。

5G发展势头强劲，推动移动物联网进入新的高速发展期。

这是一个振奋人心的消息——我国成为全球主要经济体中率先实现"物超人"的国家。截至2022年8月，我国三家基础电信企业发展移动物联网终端用户达16.98亿户，超过移动电话用户数，建成全球最大移动物联网络。《关于全面推进移动物联网

（NB-IoT）建设发展的通知》《关于深入推进移动物联网全面发展的通知》等一系列政策文件相继发布实施。近年来，在政策支持指引和各方共同努力下，我国移动物联网深度融入经济社会发展各领域，移动物联网连接数占全球比例已经超过70%。

加快推进IPv6规模部署，是加快网络强国建设、加速国家信息化进程、助力经济社会发展、赢得未来国际竞争新优势的紧迫要求。

早在2003年，我国就启动了中国下一代互联网示范工程CNGI，并于2006年开展现网试验；2008年，我国建成当时世界上规模最大的纯IPv6下一代互联网，并取得相关领先技术和应用成果；此后我国IPv6产业发展加快，到2014年已有1亿部支持IPv6的终端上市……作为世界上较早开展IPv6试验和应用的国家，我国已在技术研发、网络建设、应用创新方面取得重要阶段性成果，具备IPv6大规模部署的基础和条件。

2017年11月，中共中央办公厅、国务院办公厅印发《推进互联网协议第六版（IPv6）规模部署行动计划》，提出加快推进IPv6规模部署，构建高速率、广普及、全覆盖、智能化的下一代互联网。

2021年3月，《中华人民共和国国民经济和社会发展第十四个五年规划和2035年远景目标纲要》提出，扩容骨干网互联节点，新设一批国际通信出入口，全面推进互联网协议第六版

（IPv6）商用部署。

此后，中央网信办等部门相继印发《关于加快推进互联网协议第六版（IPv6）规模部署和应用工作的通知》等文件，并组织积极开展IPv6技术创新和融合应用试点工作，全面深入推进IPv6规模部署和应用。

各地区各部门认真贯彻落实，深入推动IPv6规模部署和应用发展；各类网信企业积极响应，加快IPv6升级改造步伐，加大放量引流力度……截至2022年12月，中国已申请IPv6地址资源总量达到67369块/32，位居全球第一；我国IPv6活跃用户数达7.28亿；中国网络基础设施已经全部支持IPv6。

拥有独立的卫星导航系统，是一个大国安全和发展的重要保证。

2020年7月31日，北斗三号全球卫星导航系统建成暨开通仪式在北京举行，习近平总书记出席仪式并宣布："北斗三号全球卫星导航系统正式开通！"中国自主建设、独立运行的全球卫星导航系统全面建成。

这是前无古人的"中国道路"。从1994年立项到2000年建成北斗一号系统，从2012年开始正式提供区域服务到2020年服务全球……26年间，中国北斗探索出一条从无到有、从有到优、从有源到无源、从区域到全球的中国特色发展道路，使我国成为世界上第三个独立拥有全球卫星导航系统的国家。

近 8000 台各型号北斗终端在铁路领域应用推广；2021 年国内智能手机出货量中支持北斗系统的已达 3.24 亿部，占国内智能手机总出货量的 94.5%；基于北斗高精度的车道级导航功能，已在 8 个城市成功试点，并逐步向全国普及……北斗应用深度融入国民经济发展全局，成为推动经济社会发展的时空基石和重要引擎。

——算力基础设施为数字经济发展输送新动能

高速运转的服务器、昼夜不停的数据中心、迅捷通畅的网络传输……奔跑的字节和海量的数据正在汇聚成数字中国发展的庞大力量。

2017 年至 2021 年，我国数据产量从 2.3ZB 增长至 6.6ZB，在这 3 年，我国数据产量每年保持 30% 左右的增速。如同农业时代的水利、工业时代的电力，算力已成为数字经济发展的重要生产力。数据显示，算力指数平均每提高 1 个百分点，数字经济和 GDP 将分别增长 3.3‰和 1.8‰……

近年来，随着各行业数字化转型升级进度加快，特别是 5G 等新技术的快速普及应用，数据总量爆发式增长，数据资源存储、计算和应用需求大幅提升，打造新型算力网络体系的需求极为迫切。

遵循发展规律、顺应行业需求，一系列顶层设计与规划密集推出。《关于加快构建全国一体化大数据中心　协同创新体系的指导意见》提出优化数据中心建设布局；《全国一体化大数据中心协同创新体系算力枢纽实施方案》要求提升跨区域算力调度水平……

2022年2月，国家发展改革委、中央网信办等部门联合印发通知，同意在京津冀、长三角、粤港澳大湾区、成渝、内蒙古、贵州、甘肃、宁夏8地启动建设国家算力枢纽节点，并规划了10个国家数据中心集群。至此，"东数西算"工程正式全面启动，开启了我国国土空间算力资源跨区域统筹布局的新篇章。

全国首个算力小镇在浙江杭州开园；成都智算中心、兰州新算力产业示范中心、黄河流域生态环境算力中心等相继启动；腾讯、华为、阿里等网信企业加快在国家算力枢纽节点落地项目……踩着"东数西算"工程的鼓点，国家算力枢纽节点频添新引擎，我国算力集聚效应初步显现。

2022年2月，我国正式启动"东数西算"工程，规划建设8个国家算力枢纽节点以及10个国家数据中心集群，图为从空中俯瞰中国（杭州）算力小镇（视觉中国 供图）

顺应时代发展，用好数据新生产要素和算力新生产力，让数据要素充分流动、数据活力充分激发，中国经济正迎来更为广阔的蓝海。目前，8个国家算力枢纽节点建设方案均进入深化实施阶段，新建数据中心规模超过110万标准机架；全国在用超大型和大型数据中心达497个、智算中心达20个；西部地区数据中心占比稳步提高，全国算力结构逐步优化；建成一批国家新一代人工智能公共算力开放创新平台；算力基础设施达到世界领先水平。

——应用基础设施赋能千行百业

2023年，世界经济论坛公布最新一批全球"灯塔工厂"名单，共有18家工厂新入选，其中中国占8家，折射出"中国智造"在全球工业新一轮变革浪潮中的重要分量。

党的十八大以来，以习近平同志为核心的党中央高度重视工业互联网发展。"要深入实施工业互联网创新发展战略"。2017年12月，第十九届中共中央政治局就实施国家大数据战略进行第二次集体学习。习近平总书记强调"继续做好信息化和工业化深度融合这篇大文章，推动制造业加速向数字化、网络化、智能化发展"，为我国工业互联网发展指明方向。

《国务院关于深化"互联网+先进制造业"发展工业互联网的指导意见》印发实施，成为我国工业互联网发展的纲领性文件；《中华人民共和国国民经济和社会发展第十四个五年规划和

2035 年远景目标纲要》提出积极稳妥发展工业互联网和车联网；《工业互联网创新发展行动计划（2021—2023 年）》明确工业互联网的发展阶段性目标和重点任务……随着顶层规划不断完善，我国工业互联网发展快马扬鞭，融合应用持续深化，为经济社会高质量发展提供源源不断的新动能。

截至 2022 年 9 月，我国已建成具有一定区域和行业影响力的工业互联网平台超过 150 家，工业设备连接数量超过 7900 万台套；工业互联网标识解析体系国家顶级节点全面建成，5G+工业互联网基础设施建设取得重要进展；重庆、山东、浙江等国家工业互联网大数据中心区域分中心建设深入推进……从进企业、入园区到联通更多产业集群，工业互联网基础设施建设加速，赋能千行百业，汇聚成产业转型升级的强大势能。

顺应数字化、网络化、智能化发展趋势，新一轮的数字化改造升级热潮正席卷交通、能源、水利等多个传统基础设施领域。

交通运输部印发《交通运输领域新型基础设施建设行动方案（2021—2025 年）》，提出智慧公路、智慧航道、智慧港口、智慧枢纽等七大建设行动，着力推进交通运输提效能、扩功能、增动能；国家发展改革委、国家能源局印发《"十四五"现代能源体系规划》，加快能源产业数字化智能化升级；水利部发布《关于大力推进智慧水利建设的指导意见》，提出加快建设数字孪生流域和数字孪生工程，强化"预报、预警、预演、预案"功能……

智能电网、智能化煤矿、智慧火电厂等快速发展；"安全、畅通、低碳、高效"的交通网络正在加速构建；以数字孪生流域为核心的智慧水利体系加快推进……在数字技术的赋能下，我国以工业互联网、物联网、车联网等为代表的应用基础设施水平不断提升，传统基础设施数字化、智能化改造升级不断加快，释放出澎湃发展活力。

千帆竞发春潮涌，百舸争流正逢时。

宽带网络建设带动电子商务快速成长；移动互联网建设催生移动支付应用；4G、5G网络部署推动直播等业态发展……更多的新应用、更多的新场景、更多的新业态持续涌现，泛在智联的数字基础设施正在为中国经济高质量发展提供有力的支撑、服务和保障。

充分发挥数字基础设施重要底座作用，积极推动信息化赋能新发展格局

一花独放不是春，百花齐放春满园。

让互联网发展红利惠及全球，促进网络空间发展和繁荣，符合世界各国人民利益。2015年，在第二届世界互联网大会开

幕式上，习近平总书记指出"加快全球网络基础设施建设，促进互联互通"；2021年，在亚太经合组织领导人非正式会议上，习近平总书记强调"全球数字经济是开放和紧密相连的整体，合作共赢是唯一正道，封闭排他、对立分裂只会走进死胡同。要加强数字基础设施建设，努力构建开放、公平、非歧视的数字营商环境"……近年来，我国积极推动数字基础设施国际交流与合作，一批数字重点项目、重大工程相继落地。"一带一路"数字交通走廊和跨境光缆信息通道加快建设，中国—东盟信息港、中阿网上丝绸之路深入推进，"数字丝路地球大数据平台"实现多语言数据共享……中国以一系列务实行动积极推动世界各国共同搭乘互联网和数字经济发展的快车。

数字暖流不断涌动，发展脉动越发强劲。

2022年12月，中央经济工作会议指出："要通过政府投资和政策激励有效带动全社会投资，加快实施'十四五'重大工程，加强区域间基础设施联通。"

2023年1月31日，第二十届中共中央政治局就加快构建新发展格局进行第二次集体学习。习近平总书记强调："适度超前部署新型基础设施建设，扩大高技术产业和战略性新兴产业投资，持续激发民间投资活力。"

翻看各地2023年的重大建设项目清单，5G、工业互联网、数据中心等成为热词，数字基础设施建设全面起势。安徽提出加快芜湖数据中心集群建设；湖北将新建 5G 基站 2 万个以上作为投资目标；福建实施新型基础设施"强基"行动，培育跨行业跨领域工业互联网平台……

据中国信息通信研究院测算，"十四五"时期，我国新型基础设施建设预计带动投资超 10 万亿元。一端连接着巨大的投资与需求，另一端连接着不断升级的消费市场，作为现代化基础设施体系的重要组成部分，数字基础设施在稳投资、调结构、惠民生等方面发挥着越来越重要的作用，成为中国经济高质量发展的重要支撑。

2023 年 2 月，中共中央、国务院印发《数字中国建设整体布局规划》，从党和国家事业发展全局和战略高度，提出了新时代数字中国建设的整体布局，明确了数字中国建设的指导思想、主要目标、重点任务和保障措施。规划将"打通数字基础设施大动脉"作为夯实数字中国建设基础的重要一环，为我国数字基础设施建设指明了发展方向，提供了强有力的政策支撑。

全球规模最大的 5G 网络、全球规模最大的光纤网络、全球规模最大的移动物联网络……越来越多的"全球规模最大"见证着我国从一个信息时代后来者奋勇追赶完成华丽转身的历程。

电子商务交易额、移动支付交易规模居全球第一；农业数字化水平加快提升，精准作业逐步普及；工业互联网应用已覆盖 45 个国民经济大类……一组组亮眼成绩的背后是数字基础设施激发出的创新活力。

新时代十年，我国积极顺应技术创新发展趋势，面向经济社会发展重大需求，适度超前部署建设数字基础设施，加快提升传统基础设施智能化、数字化水平，在数字基础设施建设领域取得一批世界领先成果，新一代数字基础设施正朝着高速泛在、天地一体、云网融合、智能敏捷、绿色低碳、安全可控的方向加速迈进。

征程万里风正劲，重任千钧再出发。踏上新征程，我们要以习近平新时代中国特色社会主义思想特别是习近平总书记关于网络强国的重要思想为指导，加快数字基础设施建设步伐，不断增强自主创新能力，着力推动数字经济蓬勃发展，为网络强国、数字中国建设筑牢坚实基础，以信息化数字化驱动引领中国式现代化，向着全面建设社会主义现代化国家、全面推进中华民族伟大复兴的宏伟目标奋勇前进！

四

春风化雨润神州

——关于数字文化建设

从诗经、楚辞、汉赋，到唐诗、宋词、元曲、明清小说，回望五千年，在每一个历史时期，中华民族都留下了无数不朽作品，铸就了灿烂的中国文艺历史星河。

一个民族的复兴，总是以文化的兴盛为强大支撑；一个时代的进步，总是以文化的繁荣为鲜明标识。

党的十八大以来，以习近平同志为核心的党中央统筹中华民族伟大复兴战略全局和世界百年未有之大变局，深刻把握信息时代社会主义文化建设的特点和规律，紧紧围绕更好满足人民群众精神文化需求，加快推进文化服务和数字技术深度融合，推动我国数字文化在正本清源、守正创新中取得一系列重要成就，数字文化建设呈现出百花齐放、生机勃勃的景象，中国精神、中国价值、中国力量展现出恢宏气象，全党全国各族人民文化自信更加坚定，为以中国式现代化推进中华民族伟大复兴注入了强大精神力量。

中国成为图书、电视剧、动漫等领域世界第一生产大国；网络文学每天创作量新增超 1.5 亿字，用户规模超 5 亿；电影市场规模不断扩大，银幕总数和票房收入跃居全球前列；国家公共文化云、智慧广电、智慧图书馆、智慧博物馆等建设深入推进……我国数字文化发展充满生机活力，构筑了一道亮丽的文化风景线。

全面擘画数字文化建设，汇聚新时代磅礴精神力量

穿越数千年的厚重历史，中华文明源远流长、生生不息，在赓续传承中赋予中华儿女不竭的精神动力。

从一个落后的农业国到建成世界上最完备的工业体系，新时代的中国在现代化道路上加速奋进；从互联网的后来者到建成全球规模最大、生机勃勃的数字社会，中国大踏步赶上了信息时代的步伐；从遨游星汉的神舟飞船到探索大洋深处的"蛟龙"号，中国向世界展示着"上九天""下五洋"的自信与豪情……

习近平总书记的重要论断揭示出这一系列成绩背后的精神底色——

"中国特色社会主义是物质文明和精神文明全面发展的社会主义。一个没有精神力量的民族难以自立自强，一项没有文化支撑的事业难以持续长久。""当今世界，要说哪个政党、哪个国家、哪个民族能够自信的话，那中国共产党、中华人民共和国、中华民族是最有理由自信的。"

民族之魂，文以化之，文以铸之。

当前，信息技术革命日新月异，互联网为人民群众生产生活、交流交往、创新创造提供了新平台、新空间，也为促进文

化繁荣发展提供了新载体、新机遇。如何加强数字文化建设成为信息时代我们面临的一项重要课题。

互联网新技术、新应用的飞速发展改变了文艺形态，催生了一大批新的文艺类型，也带来文艺观念和文艺实践的深刻变化。

2014年是我国全功能接入国际互联网20周年，这一年的10月，与延安文艺座谈会时隔72年，来自全国各地的72位文艺工作者在人民大会堂参加了一场特别的会议——文艺工作座谈会，习近平总书记主持会议并发表了重要讲话。

在会上，总书记开宗明义介绍了召开这次座谈会的初衷。"今天召开这个座谈会，我早有考虑，直到现在才有机会，主要是想听听大家的意见和建议，同大家一起分析现状、交流思想，共商我国文艺繁荣发展大计。"

"由于文字数码化、书籍图像化、阅读网络化等发展，文艺乃至社会文化面临着重大变革。"在这场座谈会上，习近平总书记强调："要适应形势发展，抓好网络文艺创作生产，加强正面引导力度。"

随着云计算、大数据、人工智能等新技术快速发展，各种新应用新业态不断涌现，超过10亿的中国网民在网络空间了解知识、获取资讯、娱乐交流，海量的信息内容、丰富的文化生态，在满足不同年龄段网民多元多样精神文化需求的同时，也深刻地影响着人们的理想信念、价值观念、道德素养、心理认知和行为规范。提供什么样的数字文化产品,开展什么样的数字文化服务,既事关社会主义文化繁荣发展,也事关国家长治久安,事关中华民族凝聚力和向心力。

2016年4月,习近平总书记主持召开网络安全和信息化工作座谈会时强调,"培育积极健康、向上向善的网络文化,用社会主义核心价值观和人类优秀文明成果滋养人心、滋养社会,做到正能量充沛、主旋律高昂,为广大网民特别是青少年营造一个风清气正的网络空间"。

2018年8月,全国宣传思想工作会议召开,习近平总书记指出:"近年来,网络文学、网络视频、网络剧、网络动漫、网络音乐等快速发展,网络文艺受众越来越多,青年一代更是成为网络文艺的主要受众。网络文艺既有蓬勃发展、充满活力的一面,也有野蛮生长、良莠不齐的一面。要适应这种新趋势新变化,加强网络文艺精品创作,推出更多健康优质的网络文艺作品。"

"培育积极健康、向上向善的网络文化""推出更多健康优质的网络文艺作品"是习近平总书记提出的重要要求,也是亿万网民的共同期盼,为我国加快推进数字文化建设指明了前进方向、提供了根本遵循。

布局谋篇,层层推进。

2015年,《中共中央关于繁荣发展社会主义文艺的意见》发布,鼓励推出优秀网络原创作品,促进传统文艺与网络文艺创新性融合;2017年,中共中央办公厅、国务院办公厅印发《关于实施中华优秀传统文化传承发展工程的意见》,第一次以中央文件形式专题阐述中华优秀传统文化传承发展工作,提出推动网络文学、网络音乐、网络剧、微电影等传承发展中华优秀传统文化;2021年,《中华人民共和国国民经济和社会发展第十四个五年规划和2035年远景目标纲要》发布,提出实施文化产业数字化战略,加快发展新型文化企业、文化业态、文化消费模式……党的十八大以来,以习近平同志为核心的党中央从国家层面就推进数字文化发展作出了一系列重大部署,在建设网络强国、文化强国的宏伟蓝图上,用如椽巨笔描绘了一幅幅壮丽的数字文化新图景。

从《万山磅礴看主峰》《牵妈妈的手》等一批现象级正能量新媒体作品不断涌现,到我国数字阅读用户规模突破5亿、省级数字文化馆平台实现公共文化云平台全覆盖,再到中国网络文学"出海"遍及全球200多个国家和地区;从二十国集团领导人第十一次峰会文艺演出《最忆是杭州》彰显中国审美旨趣赢得全网点赞,到庆祝中国共产党成立100周年文艺演出《伟大征程》情景史诗频上热搜,再到2022年北京冬奥会开幕式吸引全球关注……近年来,我国大力发展数字文化,加强网络内容创作的价值引领，聚焦举旗帜、聚民心、育新人、兴文化、展形象的使命任务，推出了一批具有凝聚力、亲和力、感染力的数字文化精品，社会主义核心价值观牢牢占据网上主流，网络空间正能量更加充沛、主旋律更加高昂，有力提振了全社会的精神力量。

激发数字活力，推动中华优秀传统文化创造性转化、创新性发展

信息技术革命的浪潮奔涌向前，数字文化创新创造活力迸发。中国，这个有过汉唐气象、魏晋风韵，诞生过李杜文章、"四大名著"的文明古国，中华文明这个拥有五千多年悠久历史，源远流长、博大精深的古老文明，正绽放出新的耀眼光芒。

——数字文化精品创作活力涌现

"文变染乎世情，兴废系乎时序。"文艺工作不仅关乎人民群众的精神文化生活，更关系到整个国家的精神面貌和中华文明永续发展。

2014年，在文艺工作座谈会上，习近平总书记指出了文艺创作存在着有"高原"缺"高峰"、浮躁等问题，强调"衡量一个时代的文艺成就最终要看作品"，文艺工作者要"创作无愧于时代的优秀作品"。

"我们必须明白一个道理，一切创作技巧和手段都是为内容服务的。"2021年12月14日，习近平总书记出席中国文联十一大、中国作协十大开幕式并发表重要讲话，习近平总书记强调："要正确运用新的技术、新的手段，激发创意灵感、丰富文化内涵、表达思想情感，使文艺创作呈现更有内涵、更有潜力的新境界。"

深入推进中华文化新媒体传播工程，精心打造"网络中国节"，连续举办中国网络文明大会、中国正能量"五个一百"网络精品征集评选展播活动……数字文化产品日益丰富、网络内容供给能力显著增强，优秀传统文化瑰宝和当代文化精品数字化、网络化传播得到快速发展。

中央广播电视总台《国家宝藏》等节目采用全息影像等手段生动讲述国宝背后的历史故事；河南卫视探索"科技＋国风"，打造出一批"出圈"作品；各大平台以鲜明的美学风格和传统文化意韵推出网络跨年晚会……积极利用数字技术，激发中华优秀传统文化活力，形成了一批深受广大网民喜爱的特色品牌和原创精品。

以《觉醒年代》《人世间》《山海情》为代表的主旋律影视作品在各大视频平台热播；《红色文物100》等革命历史题材网络视听作品高扬爱国主义精神；网剧《约定》《在希望的田野上》、网络纪录片《追光者》，为精准扶贫、乡村振兴留下了鲜活的影像……深入生活、扎根人民，一批讴歌党、讴歌祖国、讴歌时代的作品汇聚起意气风发、勇毅前行的精神力量。

近年来，我国大力发展数字文化，加强优质网络内容供给，引导网站平台和广大网民创作生产积极健康、向上向善的数字文化作品，一系列有内容、有温度、有力量的优秀作品在网络空间激发情感共鸣，网络内容建设的创新创造活力持续涌流，广大网民的精神文化生活更加丰富。据中国社会科学院发布的《2022中国网络文学发展研究报告》显示，2022年中国网络文学作家数量累计超2278万，网络文学市场规模达389.3亿元，同比实现8.8%的高速增长。

——数字技术助力中华优秀传统文化"活"起来

求木之长者，必固其根本；欲流之远者，必浚其泉源。习近平总书记强调："中华优秀传统文化是中华文明的智慧结晶和精华所在，是中华民族的根和魂，是我们在世界文化激荡中站稳脚跟的根基。""中国有坚定的道路自信、理论自信、制度自信，其本质是建立在五千多年文明传承基础上的文化自信。"

"敦煌我一直是向往的"——2019年全国两会上，来自甘肃的全国人大代表热情邀请习近平总书记到敦煌看看，他这样回应。5个月后，习近平总书记在甘肃考察期间专程前往敦煌研究院，了解敦煌文物保护和学术研究情况。习近平总书记强调："要通过数字化、信息化等高技术手段，推动流散海外的敦煌遗书等文物的数字化回归,实现敦煌文化艺术资源在全球范围内的数字化共享。"

30个洞窟整窟高清图像和全景漫游节目全球共享;"云游敦煌"微信小程序超过2亿人次参与线上互动;数字敦煌文化大使"伽瑶"上线……敦煌研究院建立起一整套文物数字化采集、加工、存储、展示等关键技术体系,汇聚了海量数字化资源,推动中华优秀传统文化传承与创新。

方寸之间,一览千年。

"数字故宫""数字敦煌""云游长城"……近年来,我国大力推动文物资源数字化转化,让收藏在博物馆里的文物、陈列在广阔大地上的遗产、书写在古籍里的文字在信息时代迸发出新的活力。在数字技术支撑下,那些曾经铭刻于青铜、誊录于丝帛、书写于简牍、印刷于纸张的文明,穿越厚重的历史,一一呈现在我们这代人的眼前。

2022年4月,习近平总书记来到中国人民大学考察调研时强调,"要运用现代科技手段加强古籍典藏的保护修复和综合利用,深入挖掘古籍蕴含的哲学思想、人文精神、价值理念、道德规范,推动中华优秀传统文化创造性转化、创新性发展"。

"现在,我们运用生物学、分子生物学、化学、地学、物理学等前沿学科的最新技术分析我国古代遗存,使中华文明探源有了坚实的科技分析依据,拓展了我们对中国五千多年文明史的认知。"2022年5月，十九届中共中央政治局就深化中华文明探源工程进行第三十九次集体学习，习近平总书记指出，"要营造传承中华文明的浓厚社会氛围，广泛宣传中华文明探源工程等研究成果，教育引导群众特别是青少年更好认识和认同中华文明，增强做中国人的志气、骨气、底气"。

党的二十大后，习近平总书记来到河南安阳殷墟遗址考察。习近平总书记强调，"考古工作要继续重视和加强，继续深化中华文明探源工程""要通过文物发掘、研究保护工作，更好地传承优秀传统文化"。

"考古方舱"恒温恒湿，确保文物发掘露出后环境的最小干预；24小时记录的高清影像让考古发掘的每一个瞬间可随时倒查……从"沉睡三千年，再醒惊天下"的三星堆遗址到清代晚期木质沉船"长江口二号"重见天日；从传统的"手铲释天书"到各种"黑科技"大显身手……数字技术助力文物"重获新生"，多维度回答"何以中国"。

——数字文化产业繁荣发展

活水源流随处满，东风花柳逐时新。

一部文化发展史，也是一部文化和科技不断融合的历史。从"铅与火"助力图书、报刊蓬勃发展，到"光与电"催生广播、电视等行业，再到"数与网"带来网络视听、数字文旅等新业态，数字技术始终是推动文化产业发展的重要动力。

2020年9月17日，在湖南长沙考察调研时，来到马栏山视频文创产业园，习近平总书记指出，"文化和科技融合，既催生了新的文化业态、延伸了文化产业链，又集聚了大量创新人才，是朝阳产业，大有前途"。

5天后，习近平总书记在教育文化卫生体育领域专家代表座谈会上再次强调，"要顺应数字产业化和产业数字化发展趋势，加快发展新型文化业态，改造提升传统文化业态，提高质量效益和核心竞争力"。

壹引其纲，万目皆张。

2021年，"实施文化产业数字化战略"被写入《中华人民共和国国民经济和社会发展第十四个五年规划和2035年远景目标纲要》；2022年，中共中央办公厅、国务院办公厅印发《关于推进实施国家文化数字化战略的意见》，将加快文化产业数字化布局作为推进战略实施的八大重点任务之一……党的十八大以来，顺应数字产业化和产业数字化发展趋势，我国不断加强数字文化产业顶层设计，新业态蓬勃发展，新活力持续迸发。

从2022年北京冬奥会特许商品冰墩墩"一墩难求"，到文创雪糕、考古盲盒等博物馆文创周边产品风靡全网；从国家大剧院推出超高清实时直播，到北京京剧院打造"京戏云剧场"；从富有乡土气息的短视频作品引发人们对"诗与远方"的向往，到汉服频频"出圈"在网上引领新的"国风国潮热"；从戴上耳机以"听书"的方式徜徉书海，到打开屏幕足不出户便可在"云端"享受艺术盛宴……琳琅满目的文化产品、精彩纷呈的文艺演出、丰富多样的文旅活动，共同描绘着我国文化事业和文化产业繁荣发展的生动图景。据国家统计局数据显示，2022年我国数字出版、动漫、游戏数字内容服务、互联网文化娱乐平台等文化新业态特征较为明显的16个行业小类实现营业收入43860亿元，比上年增长5.3%。

云音乐会、云录制、云展览、云旅游、云观影等线上文化消费不断丰富；天津滨海新区智慧山文化创意产业园、湖南马栏山视频文创产业园、吉林省广告创意文化产业园区等数字文化产业集群化发展态势显著；网络游戏、网络音乐、网络文学、网络视频、网络直播等新业态不断涌现……我国数字文化产业规模持续壮大，产业结构不断优化，内容供给质量不断提升，成为激发消费潜力的新引擎，为经济高质量发展提供新动能的同时，不断满足人民群众日益增长的美好生活需要。

——**深化网络空间文明交流互鉴**

收百世之阙文，采千载之遗韵。

"我访问过世界上许多地方，最喜欢做的一件事情就是了解五大洲的不同文明，了解这些文明与其他文明的不同之处、独到之处，了解在这些文明中生活的人们的世界观、人生观、价值观。"

在印度，对泰戈尔的诗集如数家珍；在英国，动情地回忆起自己年轻时在陕北贫瘠的黄土地上想方设法寻找莎士比亚作品的经历；在美国，对梭罗、惠特曼、马克·吐温、杰克·伦敦的作品娓娓道来……习近平总书记在五大洲留下了无数探索文明交流互鉴的思考和足迹。

文明因交流而多彩，文明因互鉴而丰富。

2015年12月16日，习近平总书记在第二届世界互联网大会上发表重要讲话指出："互联网是传播人类优秀文化、弘扬正能量的重要载体。中国愿通过互联网架设国际交流桥梁，推动世界优秀文化交流互鉴，推动各国人民情感交流、心灵沟通。"

"中国联合展台在线平台"上线，平台集信息发布、展览展示、版权交易、互动交流等于一体，为各国视听机构、视听节目和技术设备展示交流提供渠道；构建多语种"丝绸之路数字遗产与旅游信息服务平台"，以图片、音视频等形式推介"丝绸之路"沿线国家1500处世界遗产与旅游资源；举办"全球博物馆珍藏展示在线接力"项目，吸引来自五大洲的16家国家级博物馆参与……近年来，我国秉持开放包容理念，充分发挥互联网优势，加快拓展网上文化交流共享渠道，推动不同文明在网上对话沟通、互学互鉴，推动互联网成为展示世界多彩文明的重要平台。

"我们要共同倡导加强国际人文交流合作，探讨构建全球文明对话合作网络，丰富交流内容，拓展合作渠道，促进各国人民相知相亲，共同推动人类文明发展进步。"2023年3月15日，中国共产党与世界政党高层对话会以视频连线方式举行，习近平总书记出席高层对话会开幕式并发表主旨讲话。在这场全球性政党盛会上，习近平总书记深刻回答"现代化之问"并首次提出"全球文明倡议"——共同倡导尊重世界文明多样性，共同倡导弘扬全人类共同价值，共同倡导重视文明传承和创新，共同倡导加强国际人文交流合作。

以心相交，方能成其久远。

鼠标轻点，就能一睹意大利威尼斯、五渔村的"芳容"；手指一动，就能"云游"到加勒比海的最南端，体会特多的"两种风情"……2021年，第四届中国国际进口博览会首次举办线上国家展，采用三维建模、虚拟引擎等新技术手段，打造沉浸式数字展厅，集中展示参展国发展成就、优势产业、文化旅游等内容，充分展现世界多元文明风貌和各国经济发展状况。

2021年，我国对外文化贸易额首次突破2000亿美元；网络剧、网络文学等"出海"热潮不减，网络文学传播从东南亚、东北亚、北美扩展到欧洲、非洲；"欢乐春节""美丽中国"等活动促进世界各国人民民心相通、情感相连……党的十八大以来，我国始终秉持平等、互鉴、对话、包容的文明观，倡导以文明交流超越文明隔阂，以文明互鉴超越文明冲突，利用互联网广泛搭建文明交流、文化传播平台，推动中华文明与各国文明平等交流、和合共生，努力让文明交流互鉴成为增进各国人民友谊的桥梁、推动人类社会进步的动力。

2023年6月8日，观众在第十九届中国（深圳）国际文化产业博览交易会上观看活字印刷3D展示（新华社记者 梁旭 摄）

加快打造自信繁荣的数字文化，为铸就社会主义文化新辉煌提供新动能

"'十四五'时期，我们要把文化建设放在全局工作的突出位置，切实抓紧抓好。"2020年9月，在教育文化卫生体育领域

专家代表座谈会上,习近平总书记明确提出了"十四五"时期我国文化建设的目标任务。

在座谈会上,习近平总书记用"四个重要"阐述文化建设的"坐标":统筹推进"五位一体"总体布局、协调推进"四个全面"战略布局,文化是重要内容;推动高质量发展,文化是重要支点;满足人民日益增长的美好生活需要,文化是重要因素;战胜前进道路上各种风险挑战,文化是重要力量源泉。这些重要论述,深刻阐述了新时代文化建设的地位作用,把我们党对文化建设的认识提升到一个新高度。

2022年,《关于推进实施国家文化数字化战略的意见》印发,聚焦战略目标和战略重点,对国家文化数字化的战略路径和步骤作出重点部署,提出到"十四五"时期末,基本建成文化数字化基础设施和服务平台,形成线上线下融合互动、立体覆盖的文化服务供给体系。到2035年,建成物理分布、逻辑关联、快速链接、高效搜索、全面共享、重点集成的国家文化大数据体系,中华文化全景呈现,中华文化数字化成果全民共享。

同年,在国内,144部网络文学作品被国家图书馆永久典藏,10部网络文学作品的数字版本入藏中国国家版本馆;在国外,16部中国网络文学作品被大英图书馆收录,海外网络文学访问用户规模达到9.01亿;多款中国游戏风靡全球;图书馆、文化馆、博物馆等文化场馆数字化建设加快推进……近年来,我国数字文化事业和文化产业繁荣发展，公共文化数字服务设施快速普及，数字文化软实力日益提升，中华文化影响力持续扩大，广大人民群众的文化获得感、满足感不断增强。今日之中国，文化自信正在为实现中华民族伟大复兴提供源源不断的精神动力。

击鼓催征，接续奋斗再创辉煌。

2022年10月，中国共产党第二十次全国代表大会胜利召开，习近平总书记所作的党的二十大报告从国家发展、民族复兴的高度，提出"推进文化自信自强，铸就社会主义文化新辉煌"的重大任务，就"繁荣发展文化事业和文化产业"作出部署安排，为新时代文化建设指明了前进方向、提供了根本遵循。

当今世界，新一轮科技革命和产业变革加速演进，数字技术正以新理念、新业态、新模式全面融入人类经济、政治、文化、社会、生态文明建设各领域和全过程，发展数字文化越来越成为数字时代坚定文化自信、提升国家文化软实力和中华文化影响力的重要举措。

2023年，中共中央、国务院印发《数字中国建设整体布局规划》，明确提出要"打造自信繁荣的数字文化"，对数字文化建设作出顶层设计和战略安排，推动我国数字文化驶向高质量发展"快车道"。

面向新时代新征程，我们要以习近平新时代中国特色社主义思想特别是习近平总书记关于网络强国的重要思想为指导，坚持用党的创新理论引领互联网内容建设，深入实施国家文化数字化战略，大力发展网络文化，不断提升数字化文化服务能力，以高品质数字文化产品丰富人民群众精神文化生活，不断激发全民族文化创新创造活力，为繁荣发展中国特色社会主义文化、铸就中华文化新辉煌注入强大动力。

五

无边光景时时新
——关于数字社会建设

纵观世界文明史，人类先后经历了农业革命、工业革命、信息革命，每一次产业技术革命都给人类生产生活带来巨大而深刻的影响。当前，信息革命时代潮流浩浩荡荡，有力推动整个人类社会向数字化、网络化、智能化方向演进，人类正加速迈向数字社会这一全新的社会形态。

一分钟，复兴号高铁行驶 5833 米；一分钟，超 20 万个快递穿梭在中国大地；一分钟，移动支付新增 28.77 万笔；一分钟，41 件案件通过互联网立案……这是今日活力涌动的中国，这是新时代处处可见的数字生活。从互联网的后来者到大踏步赶上信息时代潮流，我国建成了全球最为庞大、生机勃勃的数字社会。

党的十八大以来，以习近平同志为核心的党中央深刻把握信息化条件下社会建设特点和规律，把增进人民福祉作为信息化发展的出发点和落脚点，以数字化助力更高水平实现幼有所育、学有所教、劳有所得、病有所医、老有所养、住有所居、弱有所扶，推动社会治理社会化、法治化、智能化、专业化水平大幅提升，巩固和发展了人民安居乐业、社会安定有序的良好局面。

全面部署数字社会建设，不断提升人民群众获得感、幸福感、安全感

"人民对美好生活的向往，就是我们的奋斗目标。"2012 年

11月15日,习近平总书记在十八届中共中央政治局常委同中外记者见面时作出庄严宣示。改革开放以来,我国人民生活显著改善,社会治理水平明显提高。同时,随着时代发展和社会进步,人民对美好生活的向往更加强烈,对民主、法治、公平、正义、安全、环境等方面的要求日益增长。

民之所盼,政之所向。

人民,始终是习近平总书记心中的"国之大者"。习近平总书记强调:"我们要继续加强社会建设,切实推进各项社会事业,加强和创新社会管理,使发展成果更多更公平惠及全体人民,努力形成全体人民各尽其能、各得其所而又和谐相处的局面。"

社会建设是同人民群众生活联系最紧密、利益关切最直接的关键领域。当前,新一轮科技革命和产业变革深入发展,数字化浪潮势不可当,向着现代化迈进的中国,应该建设一个什么样的数字社会?应该如何回应人民对数字化发展的新期待?

"网信事业要发展,必须贯彻以人民为中心的发展思想。" 2016年4月,网络安全和信息化工作座谈会召开,习近平总书记强调:"要适应人民期待和需求,加快信息化服务普及,降低应用成本,为老百姓提供用得上、用得起、用得好的信息服务,让亿万人民在共享互联网发展成果上有更多获得感。"

2021年1月，习近平总书记在省部级主要领导干部学习贯彻党的十九届五中全会精神研讨班上指出："我感觉到，现在的形势已经很不一样了，大进大出的环境条件已经变化，必须根据新的形势提出引领发展的新思路。"并多次强调"构建以国内大循环为主体、国内国际双循环相互促进的新发展格局"。

习近平总书记强调："线上办公、线上购物、线上教育、线上医疗蓬勃发展并同线下经济深度交融。我们要乘势而上，加快数字经济、数字社会、数字政府建设，推动各领域数字化优化升级"。习近平总书记的重要论述，为我国加快数字社会建设指明了前进方向、提供了根本遵循。

2021年9月，习近平总书记向世界互联网大会乌镇峰会致贺信时指出："中国愿同世界各国一道，共同担起为人类谋进步的历史责任，激发数字经济活力，增强数字政府效能，优化数字社会环境，构建数字合作格局，筑牢数字安全屏障，让数字文明造福各国人民，推动构建人类命运共同体。"

2021年11月，中国共产党第十九届中央委员会第六次全体会议通过《中共中央关于党的百年奋斗重大成就和历史经验的决议》。决议强调，"补齐民生保障短板、解决好人民群众急难愁盼问题是社会建设的紧迫任务""必须以保障和改善民生为重点加强社会建设，尽力而为、量力而行，一件事情接着一件事情办，一年接着一年干，在幼有所育、学有所教、劳有所得、病有所医、老有所养、住有所居、弱有所扶上持续用力，加强和创新社会治理，使人民获得感、幸福感、安全感更加充实、更有保障、更可持续"。

当前，数字化、网络化、智能化发展日新月异，为推进互联网便民利民惠民提供了广阔空间。党的十八大以来，以习近平同志为核心的党中央高度重视发挥信息化、数字化在助力民生保障中的重要作用，多次强调"要运用大数据促进保障和改善民生""要用好网络信息技术，发展远程教育，推动优质教育资源城乡共享""要完善人口健康信息服务体系建设""用信息化手段更好感知社会态势、畅通沟通渠道、辅助决策施政、方便群众办事，做到心中有数"……这一系列重要论述，充分彰显了数字社会建设鲜明的民生底色，是以数字社会建设促进高质量发展、创造高品质生活、不断满足人民对美好生活向往的科学指引。

一个个标志性节点、一项项关键成果，书写着我国数字社会建设的不凡历程。建立世界规模最大的教育资源中心，形成世界第一大教育教学资源库；建成世界规模最大的社会保障体系，全国统一的医疗保障信息平台全面建成；十亿用户接入互联网，网民规模世界第一；建成全球规模最大、技术领先、性能优越的数字基础设施……党的十八大以来，在以习近平同志为核心的党中央坚强领导下，我国数字社会建设取得一系列突破性进展和标志性成果，人民群众美好数字生活的新图景徐徐铺展。

不断激发数字发展活力，扎实推进数字社会各领域建设

政贵有恒，治须有常。

在辽宁考察，习近平总书记在一块远程医疗显示屏前感慨地说，"用信息化系统提高医疗水平，叫如虎添翼"；在山东考察，习近平总书记强调"要给农业插上科技的翅膀"；在北京南锣鼓巷，习近平总书记详细询问如何通过信息化手段疏通大客流……不断满足人民群众对美好生活的向往，始终是信息化发展的出发点和落脚点。

党的十八大以来，我国加快建设网络强国、数字中国，从国家层面部署推动建设数字社会，取得显著成效。2012年至2022年，我国网民规模从5.64亿增长至10.67亿，互联网普及率从42.1%增长至75.6%，互联网发展水平居全球第二；建成全球规模最大的5G网络和光纤宽带，全国所有地级市全面建成光网城市；分享经济、智慧出行、移动支付等互联网新产品新业态竞相涌现，用得上、用得起、用得好的信息服务正在惠及更多百姓。在信息化驱动中国式现代化的历史进程中，我国数字

社会建设正阔步向前。

——全面促进数字公共服务普惠化

"光是解决 14 亿多人的吃饭问题,就是一个不小的挑战。还有就业、分配、教育、医疗、住房、养老、托幼等问题,哪一项解决起来都不容易,哪一项涉及的人群都是天文数字。"在世界最大发展中国家解决发展不平衡不充分的难题,改革发展稳定任务之重、矛盾风险挑战之多、治国理政考验之大前所未有。

惟其艰难,更显勇毅。

"更好的教育",改变无数命运——

向国际教育信息化大会致贺信时,习近平总书记强调,因应信息技术的发展,推动教育变革和创新,构建网络化、数字化、个性化、终身化的教育体系;召开网络安全和信息化工作座谈会,强调可以发挥互联网优势,实施"互联网＋教育""互联网＋医疗""互联网＋文化"等;主持召开十九届中共中央政治局第二次集体学习时,强调要坚持以人民为中心的发展思想,推进"互联网＋教育"……党的十八大以来,习近平总书记高度重视教育数字化建设,作出一系列重要指示批示,引领我国教育数字化实现跨越式发展。

全国中小学(含教学点)全部接入互联网;国家智慧教育公共服务平台上线,访客量超过 11 亿人次;慕课数量和学习人数均居世界第一,"慕课西部行计划"基本实现西部高校全覆盖……近年来,我国深入实施教育数字化战略,以数字化赋能教育公共服务普惠化、均等化、优质化,建设以数字化为支撑的高质量教育体系,数字教学环境全面提档升级,优质教育资源不断扩容,我国教育发展实现更加公平更高质量。

"更稳定的工作",绘就精彩人生——

有这样一群身份特殊、数量庞大的劳动者,让习近平总书记分外牵挂:在北京前门,看望胡同服务点的快递小哥问冷暖;在湖南长沙,与基层代表座谈时请来货车司机代表听疾苦;在陕西柞水,走进直播间给乡村电商鼓干劲……

他们是8400万新就业形态劳动者,他们更是习近平总书记心中"美好生活的创造者、守护者"。

新就业形态具有雇佣关系灵活化、工作内容碎片化、工作方式弹性化、创业机会互联网化等特点,在创造更多就业机会的同时,也给从业者的权益保障带来了新问题。

"部分农民工、灵活就业人员、新业态就业人员等人群没有纳入社会保障,存在'漏保''脱保''断保'的情况",类似问题,习近平总书记时常谈起。

各地区各部门切实把习近平总书记的关心关切转化为自觉行动,相继出台扶持政策,推出暖心举措,加强劳动法律制度建设,补齐新就业形态劳动者权益保障短板。

在上海，快递员、外卖员可以按规定参加社保；在山东济南，面向新就业群体的暖心驿站还能提供法律援助、政策咨询、职业技能培训等服务；在湖北武汉，网约车司机有了流动党支部……今日中国，新就业群体有尊严、有保障，更有发展。

"更可靠的社会保障"，兜牢稳稳幸福——

"要完善全国统一的社会保险公共服务平台，充分利用互联网、大数据、云计算等信息技术创新服务模式，深入推进社保经办数字化转型。"习近平总书记在十九届中共中央政治局第二十八次集体学习时强调。

当前，我国已建立世界最大规模的社会保障体系，面对庞大的参保缴费和待遇领取人群，推进社保经办数字化转型迫在眉睫。

江苏省社保待遇领取资格认证构建以信息比对为主、人脸识别自助认证与银发服务为辅的模式，基本实现"寓认证于无形"；山东省建成工伤保险智能一体化服务平台，大幅提升工伤认定效率；河南省设立统一经办服务平台，制定了一套全省通用的操作规程……各地积极推进社保数字化转型，不断提升社保治理效能。截至2023年3月，全国电子社保卡领用人数超7.4亿人，全国人社政务服务平台、国家社保公共服务平台、电子社保卡等掌上社保便民服务渠道持续完善。

"更高水平的医疗卫生服务"，护佑全民健康——

"手术进展顺利，基本没有延时！"患者在新疆，医生在杭州。2023年2月，浙江大学医学院附属邵逸夫医院完成国内首例5G超远程机器人肝胆手术。跨越5000公里，让偏远地区医疗实现"触屏可及"的背后，是一次让老百姓看得上病、看得起病、看得好病的生动写照。

党的十八大以来，以习近平同志为核心的党中央把维护人民健康摆在更加突出的位置，将"健康中国"上升为国家战略。2016年，中共中央、国务院印发《"健康中国2030"规划纲要》，设置"推动健康科技创新""建设健康信息化服务体系"专门章节；2018年，国务院办公厅印发《关于促进"互联网+医疗健康"发展的意见》，就促进互联网与医疗健康深度融合发展作出部署；2021年，中央网络安全和信息化委员会印发《"十四五"国家信息化规划》，将"提供普惠数字医疗"作为"十四五"时期信息化发展的重要任务……

一项项新政策新举措，正在进一步织密14亿多人民的健康保障网。当前，国家远程医疗服务平台覆盖率地市级达100%；全国有超1700家互联网医院，初步形成线上线下一体化医疗服务。

民生无小事，桩桩件件都映照着中国共产党人"一切为了人民"的初心使命。近年来，我国聚焦教育、医疗、社会保障等公共服务重点领域，积极提升公共服务数字化水平，着力推

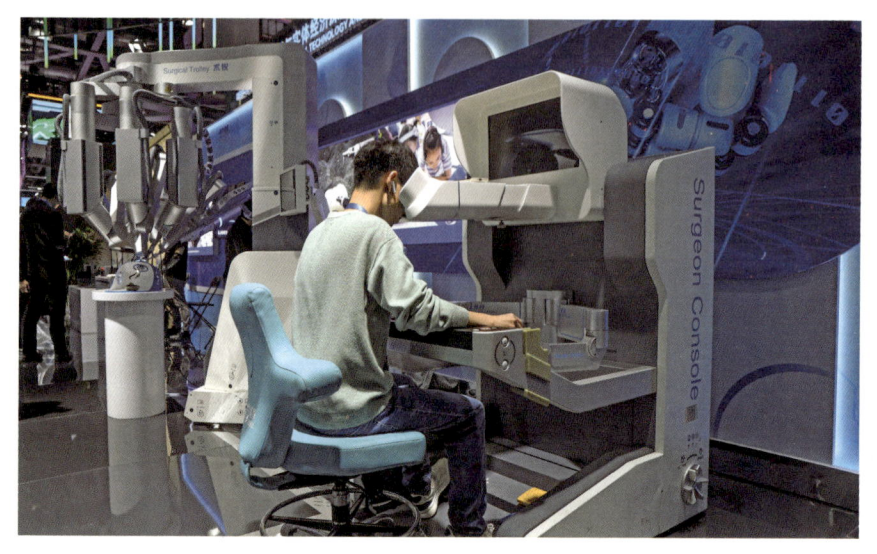

2023年11月24日，在第二届全球数字贸易博览会上拍摄的远程医疗手术设备（新华社记者 徐昱 摄）

动数字化服务普惠应用，让广大人民群众切身感受到更多数字化发展新成果。

——加快推进数字社会治理精细化

"百米级、分钟级"气象预报、世界跨度最大的单层双向正交马鞍形索网屋面的速滑馆、所有场馆5G信号覆盖、8K比赛画面实时传输……2022年2月4日晚8点，北京再次进入"奥运时间"。一系列数字技术的创新应用，让冬奥不仅成为一场冰雪盛会，更成为一场世界级的科技秀、一座智慧之城的华丽亮相。

当前，各地城市规模日益发展，社会结构日趋多元，群众利益诉求复杂多样，治理难度不断增大。积极应用数字技术，让城市更聪明、更智慧，成为推动城市治理体系和治理能力现代化的必由之路。

2020年，在杭州城市大脑运营指挥中心，习近平总书记强调："从信息化到智能化再到智慧化，是建设智慧城市的必由之路，前景广阔。"

2022年，党的二十大报告指出："坚持人民城市人民建、人民城市为人民，提高城市规划、建设、治理水平，加快转变超大特大城市发展方式，实施城市更新行动，加强城市基础设施建设，打造宜居、韧性、智慧城市。"

京畿大地，宏图再起。雄安新区——这是在我国城市建设史上首次全域实现数字城市与现实城市同步建设的一座城市，现实城市中每一栋建筑、每一杆路灯都在数字城市中一一对应。

2023年5月，习近平总书记在主持召开高标准高质量推进雄安新区建设座谈会时强调，要广泛运用先进科学技术，着力加强科技创新能力建设，加大科技成果转化力度，积极发展新业态、新模式，培育新增长点、形成新动能，把智能、绿色、创新打造成为雄安新区的亮丽名片。

着眼打造妙不可言、心之向往的未来之城，坚持"世界眼光、国际标准、中国特色、高点定位"理念，近年来，雄安新区建设稳扎稳打、全面推进，如期实现了从"一张白纸"

到"显雏形、出形象"的阶段性目标，在华北平原上铺展出一幅蓬勃生长的动人画卷。2022年底，新区"城市大脑"雄安城市计算中心投入运营，为整个数字孪生城市大数据、区块链、物联网等提供网络、计算和存储服务，为打造"云上雄安"提供基础支撑。城市计算中心与块数据平台、物联网平台、视频一张网平台以及城市信息模型平台，共同构成雄安智慧城市中枢的"一中心四平台"。其中，城市信息模型平台是践行"同步规划同步建设数字雄安，努力打造智能新区"的重点工程，通过建立二三维一体化的城市空间统一信息模型，构建起新区物理城市与数字城市精准映射、虚实交融的城市新格局。

"城，所以盛民也。"近年来，各地积极打造智慧城市，有效提升城市治理现代化水平。广东深圳实现"一图全面感知、一号走遍深圳、一键可知全局、一体运行联动、一站创新创业、一屏智享生活"，数据的有效连接与智能交互打破了不同部门、领域之间的壁垒，破解了治理碎片化难题；上海徐汇推动"一云汇数据、一屏观徐汇、一网治全城、一人通全岗"，跨部门、跨层级、跨区域的城市运营管理推动数据联通、服务联结、治理联动……智慧城市建设加速推进，数字化为城市治理持续赋能，让城市治理变"智"理，让城市更加宜居、更具韧性、更有智慧，不断满足人民对高品质生活的新期待。

2024年2月2日，一艘集装箱货轮停靠在天津港"智慧零碳"码头（新华社记者　赵子硕　摄）

"农为邦本，本固邦宁。"在2017年中央农村工作会议上，习近平总书记指出："一些地方探索在村庄建立网上服务站点，实现网上办、马上办、全程帮办、少跑快办，受到农民广泛欢迎。要加快健全乡村便民服务体系。"2018年，《中共中央　国务院关于实施乡村振兴战略的意见》首次提出实施数字乡村战略，明确指出"加快推进乡村治理体系和治理能力现代化"；2019年，中共中央办公厅、国务院办公厅印发《数字乡村发展战略纲要》，将"推进乡村治理能力现代化"作为数字乡村建设的十项重点任务之一；2020年，中央网信办等七部门联合印发《关于开展国家数字乡村试点工作的通知》，提出"开展数字乡村整体规划设计""完善乡村新一代信息基础设施"等7项重点内容。

当前，我国行政村全面实现"村村通宽带"，数字基础设施建设水平全面提升；2021年农村网络零售额达2.05万亿元，全国农村网商、网店达1632.5万家，乡村数字经济蓬勃兴起；农村基层党建信息平台加快建设，"互联网＋党建"向农村延伸；浙江、北京、江苏等地区建立县乡村三级全域网格化服务管理平台，打通社会治理"最后一公里"；乡村信息服务站、网络文化服务站等推动农村居民共享数字化发展成果；全国基层政权建设和社区治理信息系统覆盖全国48.9万个村委会……随着数字乡村建设的深入推进，大量贴近农民现实需要和基层治理需求的数字化应用场景持续涌现，不断激活乡村治理新动能。

——广泛推动数字生活智能化

在电商平台上选购衣物，通过线上试衣功能，可以直观感受衣服搭配是否合适；走进家门，只要简单传达语音指令，机器人管家就能打开空调、调节温度；打开导航软件，出行路线一目了然，软件实时分析路况、预估抵达时间……近年来，我国积极推动购物消费、居家生活、旅游休闲、交通出行等各类场景数字化，积极打造智慧共享、和睦共治的新型数字社区，不断满足人民群众的美好生活需要。

"社区虽小，但连着千家万户，做好社区工作十分重要。"门禁系统自动识别身份、供水系统实时监测水质；打开社区

APP，"一键呼叫"确保独居老人安全；智能水电表实现远程抄收管理、智能垃圾桶自动识别分拣桶内垃圾……智慧社区充分应用大数据、云计算、人工智能等信息技术手段，整合社区各类服务资源，打造基于信息化、智能化管理与服务的社区治理新形态，正在构建"无处不智慧"的生活场景。

习近平总书记强调："强化社区为民、便民、安民功能，做到居民有需求、社区有服务，让社区成为居民最放心、最安心的港湾。"《中华人民共和国国民经济和社会发展第十四个五年规划和2035年远景目标纲要》提出，推进智慧社区建设，依托社区数字化平台和线下社区服务机构，建设便民惠民智慧服务圈。2022年5月，民政部、中央政法委、中央网信办等九部门印发《关于深入推进智慧社区建设的意见》，明确了智慧社区建设的总体要求、重点任务和保障措施。

河北广泛运用大数据、云计算、物联网等先进技术，大力推进智慧安防小区建设；内蒙古通过开展"互联网＋基层治理"行动，试点建设全国基层治理数据库，推动基层治理数据资源按需共享、有序开放……近年来，我国智慧社区建设正在进入"快车道"，31个省（区、市）积极加快推进智慧社区建设步伐，集约建设便民惠民智慧服务圈，让社区更加和谐有序、服务更有温度。

2021年8月24日，习近平总书记在河北承德考察，察看信息化平台、适老化改造等项目，详细询问服务范围、救助方式等事项。习近平总书记强调："满足老年人多方面需求，让老年人能有一个幸福美满的晚年，是各级党委和政府的重要责任。"

当前，我国已步入老龄化社会，据民政部预测，"十四五"时期，全国老年人口总量将突破3亿。如何让老年人跟上数字时代的步伐、共享智慧社会生活，既考验着社会治理的精度，也反映着"老吾老以及人之老"的社会关爱。近年来，我国一系列互联网应用适老化改造行动持续推进，老年人享受智能化服务水平显著提升，助力老年人跨越数字鸿沟，共享美好数字生活。

2020年11月，国务院办公厅印发《关于切实解决老年人运用智能技术困难的实施方案》，坚持传统服务与智能创新相结合，推动老年人享受智能化服务更加普遍，传统服务方式更加完善。2021年4月，工业和信息化部发布《互联网网站适老化通用设计规范》和《移动互联网应用（APP）适老化通用设计规范》，明确了互联网网站和应用程序适老化设计、改造的技术要求。全国一体化政务服务平台等上线"老年人办事"专区，汇聚超20项高频服务；各地全面实施公共服务"适老化"改造与互联网无障碍改造行动，优化重点场景，培育规范智慧养老服务；工业和信息化部指导全国648家网站和APP完成适老化改造。

加快构建普惠便捷的数字社会，为推进中国式现代化注入强劲动力

当前，全球经济数字化转型不断加速，数字技术深刻改变着人类的思维、生活、生产、学习方式，推动世界政治格局、经济格局、科技格局、文化格局、安全格局深度变革，全民数字素养与技能日益成为国际竞争力和国家软实力的关键指标。

习近平总书记深刻指出："要提高全民全社会数字素养和技能，夯实我国数字经济发展社会基础。"随着数字化深入经济社会发展各领域，加强全民数字素养与技能教育成为提升国民素质、促进人的全面发展的战略任务，是实现我国从网络大国迈向网络强国的必由之路，也是建设数字中国、数字社会的重要课题。

2019年，中共中央、国务院印发《新时代公民道德建设实施纲要》，把抓好网络空间道德建设作为重点任务，明确提出要"推进网民网络素养教育"。2021年，中央网络安全和信息化委员会印发《提升全民数字素养与技能行动纲要》，对实施全民数字素养与技能提升行动作出部署和总体安排，提出"要把提升全民数字素养与技能作为建设网络强国、数字中国的一项基础性、战略性、先导性工作"。

近年来，我国大力推进提升全民数字素养与技能行动，全民数字化适应力、胜任力、创造力得到持续提升，越来越多普通人的生活被数字文明之光点亮。"全民数字素养与技能提升月"活动在全国范围内成功举办；各地纷纷出台行动方案，举办各种形式的交流研讨、宣讲培训等活动，积极探索提升全民数字素养和技能的有效路径；"全民数字素养与技能提升平台"建设上线，汇聚重点院校、科研机构、社会组织等多方资源，推动优质数字资源开放与利用，促进全民共建共享数字化发展成果。

起笔绘梦想，历史续新篇。

"为了不断满足人民群众对美好生活的需要，我们就要不断制定新的阶段性目标，一步一个脚印沿着正确的道路往前走。""要在新起点上接续奋斗，推动全体人民共同富裕取得更为明显的实质性进展。"习近平总书记的话语饱含深情、掷地有声。

2021年3月，《中华人民共和国国民经济和社会发展第十四个五年规划和2035年远景目标纲要》专门设置"加快数字社会建设步伐"章节，提出适应数字技术全面融入社会交往和日常生活新趋势，促进公共服务和社会运行方式创新，构筑全民畅享的数字生活。

2022年10月，党的二十大胜利召开，吹响了奋进新征程的时代号角。在党的二十大报告中，习近平总书记对全面建成社会主义现代化强国两步走战略安排和未来5年的战略任务作了全面部署，明确提出到2035年人民生活更加幸福美好，居民人均可支配收入再上新台阶，中等收入群体比重明显提高，基本公共服务实现均等化，农村基本具备现代生活条件，社会保持长期稳定，人的全面发展、全体人民共同富裕取得更为明显的实质性进展。

2023年，中共中央、国务院印发《数字中国建设整体布局规划》，从党和国家事业发展全局和战略高度提出了新时代数字中国建设的整体战略。规划将"数字社会精准化普惠化便捷化取得显著成效"作为2025年数字中国建设的主要目标，明确提出"构建普惠便捷的数字社会"。

进入新时代，我国数字社会建设深入推进，民生福祉持续增进。数字经济领域提供就业岗位近2亿个，新就业形态劳动者权益保障不断加强，就业质量显著提升；国家教育数字化战略行动全面实施，数字化教学条件全面提档升级，助力我国从人力资源大国向人力资源强国迈进；全国统一的医保信息平台全面建成，城乡基本医疗公共服务均等化水平不断提高……

进入新时代，我国数字社会治理体系不断完善，共建共治共享的治理格局加快形成。信息化手段广泛应用，公共服务智能化水平不断提升；依托信息技术构筑的城市"网格"纵向到底、横向到边，已成为我国社会治理的重要支点；智慧社区服务水平不断提升，便民服务破解"最后一公里"难题；涉农信息普惠服务机制效能充分释放，乡村治理服务数字化转型深入推进……

"民富国强，众安道泰。"站在信息革命的时代潮头，这个拥有全世界最为庞大数字社会的东方国度，正日益彰显出巨大的发展潜力和创新活力。面向新时代新征程，在以习近平同志为核心的党中央坚强领导下，在习近平新时代中国特色社会主义思想特别是习近平总书记关于网络强国的重要思想指引下，我们一定能够牢牢掌握数字化变革历史主动，自信自强、守正创新，踔厉奋发、勇毅前行，加快构建普惠便捷的数字社会，不断提高广大人民群众在信息化发展中的获得感、幸福感、安全感，为推动社会全面进步和人的全面发展、实现全体人民共同富裕的目标作出新的更大贡献！

六

又踏层峰望眼开
——关于数字技术发展

这是一个东方大国创新活力的律动。

5G 建设和应用领跑世界；北斗卫星导航系统完成全球组网；世界超级计算机 500 强中上榜总数多年蝉联第一……从一穷二白到建成全球门类最齐全的工业体系，从互联网的后来者到勇立数字化发展潮头，这个曾诞生过四大发明的东方国度，在千年之后的信息时代依然能为天下之先。

放眼全球，互联网、大数据、云计算、人工智能等数字技术加速创新，日益成为改变世界竞争格局的重要力量，成为大国竞争的制高点。数字技术从未像今天这样深刻地影响着一个国家的前途命运，从未像今天这样深刻地影响着人民的生活福祉。

紧紧抓住大有可为的历史机遇期，紧紧抓住新一轮科技革命和产业变革的机遇，新时代的中国不能等待，更不能懈怠。党的十八大以来，以习近平同志为核心的党中央着眼中华民族伟大复兴战略全局和世界百年未有之大变局，敏锐把握信息革命发展机遇，作出"必须把创新作为引领发展的第一动力"的重大战略决策，把创新摆在国家发展全局的核心位置，加快推进科技自立自强，我国基础研究和原始创新持续加强，一些关键核心技术实现突破，战略性新兴产业不断发展壮大，重大创新成果竞相涌现，昂首进入创新型国家行列。

把创新作为引领发展的第一动力，牢牢抓住数字技术变革新机遇

当东方大国跨越沧桑岁月走向复兴，当数字技术加速发展引领未来，如何聚力创新实现更高质量发展，成为当前中国必须回答的时代课题。

2013年，十八届中共中央政治局集体学习的"课堂"第一次走出中南海，来到中关村。习近平总书记指出："即将出现的新一轮科技革命和产业变革与我国加快转变经济发展方式形成历史性交汇，为我们实施创新驱动发展战略提供了难得的重大机遇。机会稍纵即逝，抓住了就是机遇，抓不住就是挑战。"

5年后，在中国科学院第十九次院士大会、中国工程院第十四次院士大会上，习近平总书记再次提出"历史性交汇期"，指出"现在，我们迎来了世界新一轮科技革命和产业变革同我国转变发展方式的历史性交汇期"，强调这是"千载难逢的历史机遇"，也是"差距拉大的严峻挑战"——"我们必须清醒认识到，有的历史性交汇期可能产生同频共振，有的历史性交汇期也可能擦肩而过。"

历史机遇稍纵即逝，使命在肩时不我待。

造纸术、火药、印刷术、指南针，天文、算学、医学、农

学……回望五千多年文明的发展进程，中华民族创造了高度发达的文明，为世界贡献了无数科技创新成果。然而，鸦片战争后，近代中国一次次被经济总量、人口规模、领土幅员远不如己的国家打败。

"历史告诉我们一个真理：一个国家是否强大不能单就经济总量大小而定，一个民族是否强盛也不能单凭人口规模、领土幅员多寡而定。近代史上，我国落后挨打的根子之一就是科技落后。"2014年6月9日，习近平总书记在中国科学院第十七次院士大会、中国工程院第十二次院士大会上发表重要讲话，揭示历史演进中蕴含的深刻逻辑。

在这次大会上，习近平总书记鲜明指出："从总体上看，我国科技创新基础还不牢，自主创新特别是原创力还不强，关键领域核心技术受制于人的格局没有从根本上改变。"

如何解局？"中国要强盛、要复兴，就一定要大力发展科学技术，努力成为世界主要科学中心和创新高地。""我们必须走出适合国情的创新路子，特别是要把原始创新能力提升摆在更加突出的位置，努力实现更多'从0到1'的突破。""不能总是指望依赖他人的科技成果来提高自己的科技水平，更不能做其他国家的技术附庸，永远跟在别人的后面亦步亦趋。我们没有别的选择，非走自主创新道路不可。"习近平总书记的话掷地有声。

"抓创新就是抓发展，谋创新就是谋未来。"从科研院所、高校，到高新技术企业、国家自主创新示范区，习近平总书记一次次走进创新要素最活跃的地方。"谁走好了科技创新这步先手棋，谁就能占领先机、赢得优势。"这步先手棋，习近平总书记长远谋划、亲自部署。

党的十八大提出实施创新驱动发展战略；党的十八届五中全会提出创新、协调、绿色、开放、共享的新发展理念；党的十九大提出"创新是引领发展的第一动力"；党的二十大提出科技、人才、创新"三个第一"的重要论断……

在波澜壮阔的中华民族伟大复兴进程中，"科学技术是第一生产力"的重要论断，引领中国迎来"科学的春天"；"创新是引领发展的第一动力"重大战略抉择，指引中国进入新一轮的具有战略意义的创新周期。从"第一生产力"到"第一动力"，是一次认识的提升，更是一次对马克思主义科学技术观和生产力理论的重大丰富和发展。

天下之事，非新无以为进。

当前，信息技术成为全球研发投入最集中、创新最活跃、应用最广泛、辐射带动作用最大的技术创新领域，是全球技术创新的竞争高地。大数据、云计算、人工智能、量子信息等新兴数字技术跻身全球科技创新第一梯队；信息领域研究前沿核心论文份额和施引论文被引频次份额位居世界第二，计算机科学论文被引次数持续位列世界第一；5G实现技术、产业、网络、应用全面领先；建成全球规模最大、技术领先、性能优越的网络基础设施；发明专利、PCT国际专利申请量跃居全球首位……我国数字技术创新能力持续提升，神州大地激荡着"第一动力"的时代交响。

"网信事业代表着新的生产力和新的发展方向""世界经济加速向以网络信息技术产业为重要内容的经济活动转变""我们要把握这一历史契机，以信息化培育新动能，用新动能推动新发展"……阔步迈向网络强国、科技强国的中国，正行进在新旧动能转换的关键节点。

2021年10月18日，习近平总书记主持十九届中共中央政治局第三十四次集体学习时强调："当今时代，数字技术、数字经济是世界科技革命和产业变革的先机，是新一轮国际竞争重点领域，我们一定要抓住先机、抢占未来发展制高点。"

抓住"先机"事关写好中国梦这篇大文章，事关找回"失去的二百年"。这一次，中国走在了时代前列。

党的十八大以来，习近平总书记着眼信息革命发展大势，准确把握时代脉动，敏锐感受时代声音，科学回答时代命题。在以习近平新时代中国特色社会主义思想特别是习近平总书记关于网络强国的重要思想指引下，我国数字技术创新从以跟跑为主向更多领域并跑、领跑转变。

不断强化关键领域数字技术创新能力，把发展自主权牢牢掌握在自己手里

陕西梁家河，青年习近平带队到四川学习沼气池建设技术，带头建起陕西省内第一口沼气池；河北正定，在时任县委书记习近平的大力推动下，1984 年正定县建立信息中心，同年，全县手摇电话升级为程控电话，并成功举办了全省第一个县级"技术信息交易大会"，推出科技项目 1500 项；福建岁月，时任福建省省长习近平总结"南平经验"，科技特派员制度试点扎根八闽、走向全国；主政浙江，推进创新型省份和科技强省建设，通过狠抓"第一生产力"来落实"第一要务"……

时序更替，梦想前行，中国特色社会主义进入新时代。"天眼"探空、"神舟"飞天、"墨子"传信、"北斗"组网、大飞机首飞……中国"赶上世界"的强国梦实现了历史性跨越。

"建设网络强国，要有自己的技术，有过硬的技术""健全新型举国体制，强化国家战略科技力量，优化配置创新资源""坚持原始创新、集成创新、开放创新一体设计""要紧紧扭住技术创新这个战略基点，掌握更多关键核心技术"……党的十八大以来，习近平总书记高度重视以数字技术为代表的科学技术发展，提出一系列新思想新观点新论断，推动我国科技

事业取得历史性成就、发生历史性变革。神州大地上，一幅幅创新奋进的多彩画卷正在徐徐展开。

——加快推进核心技术突破

当今世界，新一轮科技革命和产业变革正在重塑全球经济结构，新技术突破加速带动产业变革，对世界经济结构和竞争格局产生了重大影响，关键核心技术日益成为新一轮国际竞争的重点领域。

2016年4月19日，习近平总书记主持召开网络安全和信息化工作座谈会并发表重要讲话。习近平总书记指出，"同世界先进水平相比，同建设网络强国战略目标相比，我们在很多方面还有不小差距，特别是在互联网创新能力、基础设施建设、信息资源共享、产业实力等方面还存在不小差距，其中最大的差距在核心技术上""互联网核心技术是我们最大的'命门'，核心技术受制于人是我们最大的隐患"……习近平总书记的重要论述饱含着强烈的忧患意识，是深刻洞察和敏锐把握信息革命发展大势作出的重要判断，既是明确要求，也是殷切期待，为我国加快突破核心技术指明了前进方向。

什么是核心技术？在这场座谈会上，习近平总书记开宗明义指出，"可以从3个方面把握。一是基础技术、通用技术。二是非对称技术、'杀手锏'技术。三是前沿技术、颠覆性技术"。习近平总书记的重要论述为我们准确理解和把握核心技术提供科学指引。

习近平总书记在全国网络安全和信息化工作会议上强调："核心技术是国之重器。要下定决心、保持恒心、找准重心，加速推动信息领域核心技术突破。"习近平总书记的重要讲话寄托着对加快建设网络强国、科技强国的关心和厚望。

移动通信是创新最活跃、渗透最广泛、带动最显著的高技术领域之一，对材料、芯片、器件、仪表等领域带动作用十分明显。

2019年6月6日是我国5G商用进程中意义非凡的一天。这一天，工业和信息化部向中国电信、中国移动、中国联通、中国广电发放5G商用牌照，中国正式进入5G商用元年。

历史从不辜负搏击者、奋进者。多年来，我国移动通信坚持国际化发展道路，以开放促竞争，以竞争促创新，从无到有、由弱到强，不断突破关键核心技术，实现1G空白、2G跟随、3G突破、4G并跑、5G领跑的重大跨越，建成全球规模最大、技术最先进的5G网络。

当前，6G发展正处于愿景需求形成及关键技术遴选窗口期，全球主要国家纷纷布局6G发展。我国早在2018年便成立6G工作推进组，推动6G愿景需求和关键技术的研究。经过不懈努力，在全球6G技术专利申请量中，我国以40.3%的占比高居全球首位。

积力之所举，则无不胜也；众智之所为，则无不成也。

关键核心技术要不来、买不来、讨不来，通常具有开发周期长、投资大、风险高等特点，难以单纯依靠单方面力量实现突破。

2021年10月18日，十九届中共中央政治局进行第三十四次集体学习，习近平总书记指出："要牵住数字关键核心技术自主创新这个'牛鼻子'，发挥我国社会主义制度优势、新型举国体制优势、超大规模市场优势，提高数字技术基础研发能力，打好关键核心技术攻坚战，尽快实现高水平自立自强，把发展数字经济自主权牢牢掌握在自己手中。"

2022年9月6日，中央全面深化改革委员会第二十七次会议召开，审议通过了《关于健全社会主义市场经济条件下关键核心技术攻关新型举国体制的意见》。会议指出："健全关键核心技术攻关新型举国体制，要把政府、市场、社会有机结合起来，科学统筹、集中力量、优化机制、协同攻关。"

这是独树一帜的中国方案。

2020年7月31日，北斗三号全球卫星导航系统正式开通，这标志着北斗"三步走"发展战略取得决战决胜，我国成为世界上第三个独立拥有全球卫星导航系统的国家。

起步晚、底子薄，独立建成世界一流卫星导航系统，曾被西方国家认为是中国不可能完成的任务。但我们硬是凭着一路奋起追赶，坚持自主创新、分步建设、渐进发展，从1994年立项到2000年建成北斗一号系统，从2012年开始正式提供区域服务到2020年服务全球……26年间，中国北斗探索出一条从无到有、从有到优、从有源到无源、从区域到全球的中国特色发展道路，在导航领域成就了一段波澜壮阔的东方传奇。

这是我国新型举国体制优势的生动缩影。自北斗工程启动以来，在全国范围内先后调集了400多家单位、30万余名科技人员参与研制建设，构建了两家卫星总体、多家单机研制定点的工程建设组织模式，彰显出中国优势的强大竞争力。

恒者行远，思者常新。

实施国家大数据战略、人工智能发展现状和趋势、区块链技术发展现状和趋势、量子科技研究和应用前景……党的十八大以来，前沿技术多次成为中共中央政治局集体学习的主题。

量子技术的潜力令人难以想象：经典计算机需要100年才能破译的密码，量子计算机可能在几秒间就突破。2020年10月16日，十九届中共中央政治局就量子科技研究和应用前景举行第二十四次集体学习。习近平总书记强调，"要充分认识推动量子科技发展的重要性和紧迫性，加强量子科技发展战略谋划和系统布局，把握大趋势，下好先手棋"。

从多次刷新光量子纠缠世界纪录，到"九章二号""祖冲之二号"量子计算原型机面世、建成千公里级量子保密通信干线，

2023年7月22日，科研团队在位于上海张江的上海量子科学研究中心讨论"祖冲之二号"进展情况（新华社记者　金立旺　摄）

再到发射"墨子号"量子卫星回答"爱因斯坦之问"……广大科技工作者牢记习近平总书记嘱托，加大关键核心技术攻关，不畏艰难险阻，勇攀科学高峰，我国在量子科技领域不断取得一批高水平原创成果。

仰望星空，"北斗"指路、"墨子"探索宇宙奥秘；俯瞰大地，智能高铁奔驰、5G基站拔节而起……从浩瀚星空到神州大地，留下了无数中国人追梦的足迹。党的十八大以来，中国对数字技术"无人区"的探索日渐成为常态，在关键核心技术创新突破方面取得一系列重大进展，牢牢掌握了发展的主动权。

——强化企业技术创新主体地位

企业是经济活动的主要参与者、技术进步的主要推动者。

强化企业创新主体地位，有利于加快核心技术成果向现实生产力转化，推动数字技术和经济社会发展深度融合。

2023年4月21日，习近平总书记主持召开二十届中央全面深化改革委员会第一次会议。会议审议通过了《关于强化企业科技创新主体地位的意见》等重要文件，指出"强化企业科技创新主体地位，是深化科技体制改革、推动实现高水平科技自立自强的关键举措"……习近平总书记的重要论述明确了强化企业科技创新主体地位的战略意义，深化了对创新发展规律的认识，为新时代新征程更好发挥企业创新主力军作用指明了方向。

在数字化、信息化时代，新型显示产业成为数字经济发展的战略支撑。

2016年1月4日，习近平总书记来到重庆京东方考察，在柔性屏、超高清显示屏等产品前观看演示，了解8.5代液晶显示生产工艺流程等。习近平总书记指出："创新作为企业发展和市场制胜的关键，核心技术不是别人赐予的，不能只是跟着别人走，而必须自强奋斗、敢于突破。"

习近平总书记的嘱托言犹在耳，京东方不负使命重托，始终把"创新"摆在第一位，不断书写创新"答卷"新篇章。如今，京东方自主设计的第六代柔性屏成功投入量产，广泛应用于折叠屏手机和智能汽车等领域。同时，第8.5代TFT-LCD生产线成为全国极具盈利能力的半导体显示生产线之一。

近年来，我国新型显示产业不断跑出"加速度"、迈上"新台阶"。京东方、TCL华星等一批企业迅速成长，我国新型显示产业规模持续扩大，显示面板年产能达2亿平方米，产业规模跃居全球第一，扭转了液晶显示面板长期依赖进口的局面，中国实现由"少屏之痛"到"产屏大国"的华丽转身。

2021年3月24日，习近平总书记来到福建福光股份有限公司，察看公司产品展示，走进企业车间，了解精密设备生产等情况。"现在就看谁能抢抓机遇，谁有这样的担当和使命感，谁有这样的能力做好。"在同企业员工代表交流时，习近平总书记强调："抓创新不问'出身'，只要能为国家作出贡献，国家都会全力支持。"两个月后，"天问一号"探测器着陆火星乌托邦平原，在火星上首次留下中国印记。而"天问一号"上搭载的多套光学系统及镜头，正是由福光股份有限公司制造的。

创新不问"出身"，越来越多的企业成为创新主力军。近年来，我国高新技术企业增长至40万家，科技型中小企业达到45.4万家；企业研发投入占全社会研发投入已超过3/4；国家重点研发计划中企业参加或牵头的占比已接近80%；截至2022年2月，估值10亿美元以上的独角兽公司在中国有300多家，数量仅次于美国，企业活力与竞争力不断提升。

党的十八大以来，我国聚焦国家战略和产业发展重大需求，加大企业创新支持力度,积极鼓励、有效引导民营企业参与国家重大创新,推动企业在关键核心技术创新和重大原创技术突破中发挥了重要作用。

——**激发人才创造活力**

"要采取特殊政策,建立适应网信特点的人事制度、薪酬制度,把优秀人才凝聚到技术部门、研究部门、管理部门中来。""不能让繁文缛节把科学家的手脚捆死了,不能让无穷的报表和审批把科学家的精力耽误了!"……党的十八大以来,习近平总书记高度重视人才工作。

2020年9月11日,习近平主持召开科学家座谈会并发表重要讲话,就"十四五"时期我国科技事业发展听取意见。在这场座谈会上,人才成为焦点话题。

习近平总书记时而插话,时而记录。他说:"我们是感同身受的!国家科技创新力的根本源泉在于人。十年树木,百年树人。"如何吸引和培养顶尖人才?习近平总书记思虑深远:"在这个问题上,我们步子还要再大一点。步子大一点也是胆子大一点,引入更开放、更灵活的机制。"

打破"藩篱",引来"凤凰"。《深化科技体制改革实施方案》提出32项改革举措、143项政策措施,为科技体制改革画出"施工图",《促进科技成果转移转化行动方案》《关于深化科技奖励制度改革的方案》等一系列重磅文件出台;重大科研攻关项目实施"揭榜挂帅""赛马"制，赋予科学家更大的技术路线决定权和经费使用权，在前沿探索项目中实行首席科学家负责制……破除体制机制瓶颈，科研人员吃上"定心丸"。

"我原来在正定工作时，就知道这里是咱们国家科研院所里很重要的一个，久仰大名啊！"2023年5月12日上午，正在河北考察的习近平总书记来到位于石家庄的中国电科产业基础研究院。刚一抵达，习近平总书记就同研究院的同志们亲切交流起来，习近平总书记语重心长地对科技工作者说："科技强国，离不开一个个科技尖兵、科技方阵。"

从新中国成立时我国专门从事科学研究的人员不足500人，到如今研发人员总量居世界第一……越来越多的"千里马"竞相奔腾，天下英才聚神州、万类霜天竞自由的生动局面加速形成。

青年兴则国家兴，青年强则国家强。习近平总书记深刻指出："要高度重视青年科技人才成长，使他们成为科技创新主力军。"

参加"嫦娥五号"任务的青年人才平均年龄32.5岁；北斗导航卫星的"专列"长征三号甲系列运载火箭的总体设计团队平均年龄不到30岁……越来越多青年人才在技术创新的第一线茁壮成长，汇成建设网络强国、科技强国的澎湃"后浪"。

"盖有非常之功，必待非常之人。"一代又一代科技工作者面向世界科技前沿、面向经济主战场、面向国家重大需求、面向人民生命健康，艰苦奋斗、不懈努力，把论文写在祖国的大地上，把科技成果应用在实现现代化的伟大事业中，永葆与时俱进的精神、革故鼎新的勇气、坚忍不拔的定力，推动我国不断攀登科技高峰。

——推动数字技术向上向善

当前，数字技术日益融入经济社会发展各领域，深刻影响和改变着中国。5G通信、人工智能、远程医疗等让生产生活更加便利；网络购物、移动支付、云服务等新业态新模式竞相涌现。在工厂车间，人工智能高效协调任务、管控过程，大幅提高生产效率；走进茶园，数字化管理系统实时提示着茶园的光照度、风向、风速等信息，为管护工作提供信息支撑……放眼大江南北，数字技术正在赋能千行百业，为经济社会高质量发展注入强大动能。

近年来，数字技术快速发展，催生一大批新应用新业态新模式。但与此同时，侵害个人隐私、平台垄断、数据泄露、算法滥用等问题也时有出现。发展与规范成为数字技术的"两翼"。

在网络安全和信息化工作座谈会上，习近平总书记指出："古往今来，很多技术都是'双刃剑'，一方面可以造福社会、造福人民，另一方面也可以被一些人用来损害社会公共利益和民众利益。从世界范围看，网络安全威胁和风险日益突出，并日益向政治、经济、文化、社会、生态、国防等领域传导渗透。"

图之于未萌，虑之于未有。"要加强人工智能发展的潜在风险研判和防范，维护人民利益和国家安全，确保人工智能安全、可靠、可控""要加强对区块链技术的引导和规范，加强对区块链安全风险的研究和分析，密切跟踪发展动态，积极探索发展规律""要全面提升技术治网能力和水平，规范数据资源利用，防范大数据等新技术带来的风险"……习近平总书记的系列重要论述充分体现了新时代中国共产党人居安思危的忧患意识和防范风险挑战的战略自觉。

近年来，我国坚持发展与规范并重，推动网络安全法、数据安全法、个人信息保护法等一系列法律法规陆续出台，积极引导数字技术向上向善，在守正创新中不断探索新技术、新应用、新业态的治理路径，我国数字技术发展环境逐步优化，为推动经济社会发展提供了有力服务、支撑和保障。

构筑自立自强数字技术创新体系，为建设网络强国、数字中国注入强大动力

当前，世界百年未有之大变局加速演进，局部冲突和动荡频发，世界经济复苏动力不足。同时，新一轮科技革命和产业

变革给各国带来的机遇更加广阔，各国人民求和平、谋发展、促合作的愿望更加强烈。

"新一轮科技革命和产业变革深入发展，人类要破解共同发展难题，比以往任何时候都更需要国际合作和开放共享。"2023年5月25日，习近平总书记向2023中关村论坛致贺信。

一段时间以来，个别国家为巩固在科技领域的垄断优势，把科技问题政治化、武器化，构筑"小院高墙"，对我国进行技术封锁，打造所谓"芯片联盟""清洁网络"等科技"小圈子"，强推"脱钩断链"，无端阻断正常的科技、人文交流……

"科技成果应该造福全人类，而不应该成为限制、遏制其他国家发展的手段。"历史和现实一再表明，违背科技发展规律，损害全球共同利益的做法，最终只会堵自己的路。

创新发展、合作共赢，是人间正道、大势所趋。

从巴基斯坦的港口管理到泰国的智慧城市建设，从莫桑比克的植保无人机服务到中欧班列的定位导航，全球半数以上国家和地区使用北斗系统，"中国的北斗"成为"世界的北斗"；与160多个国家和地区建立科技合作关系，签订116个政府间科技合作协定，启动53家"一带一路"联合实验室建设；推动成立技术转移南南合作中心，实施可再生能源技术转移联合示范项目……近年来，中国积极推动构建网络空间命运共同体，以开放的思维和举措融入全球技术创新网络，深入参与全球技术创新治理，为世界贡献中国智慧、中国方案，让技术创新成果惠及更多国家和人民。今天，中国的技术发展越来越离不开世界，世界的技术进步也越来越需要中国。

艰难困苦，玉汝于成。

中国人民从艰难困苦中一路走来，经历过无数次惊涛骇浪，没有任何力量能够阻止中华民族实现伟大复兴的脚步。

"经过多年努力，我国科技整体水平大幅提升，我们完全有基础、有底气、有信心、有能力抓住新一轮科技革命和产业变革的机遇，乘势而上，大展宏图。"2021年5月28日，习近平总书记在中国科学院第二十次院士大会、中国工程院第十五次院士大会、中国科协第十次全国代表大会上发表重要讲话。

历史正在掀开新的篇章。

"尽管中国古代对人类科技发展作出了很多重要贡献，但为什么近代科学和工业革命没有在中国发生？"——曾经，"李约瑟之问"让无数中国人扼腕深省。

而今，面对新一轮科技革命和产业变革的机遇，新时代的中国比以往任何时候都更有条件和能力抢占制高点、把握主动权。

"嫦娥五号"完成地外天体采样返回，"天问一号"开启前往火星的星际路程，"羲和号"实现太阳探测零的突破，这是面向世界科技前沿实现的重要突破；人工智能加快应用，数字经济蓬勃发展，新能源汽车产销量世界第一，这是驱动经济发展的强大动能。"科技冬奥"、远程医疗，各领域数字技术创新成果不断涌现，中国数字技术实力正在从量的积累迈向质的飞跃、从点的突破迈向系统能力提升……

今天，我们比历史上任何时期都更接近、更有信心和能力实现中华民族伟大复兴的目标，同时必须准备付出更为艰巨、更为艰苦的努力。

"到二〇三五年，我国发展的总体目标是：经济实力、科技实力、综合国力大幅跃升，人均国内生产总值迈上新的大台阶，达到中等发达国家水平；实现高水平科技自立自强，进入创新型国家前列……"党的二十大吹响了全面建设社会主义现代化国家、全面推进中华民族伟大复兴的奋进号角，提出加快建设网络强国、数字中国，强调"加快实现高水平科技自立自强"。

2023年2月，中共中央、国务院印发《数字中国建设整体布局规划》，"构筑自立自强的数字技术创新体系"成为强化数字中国关键能力的重要目标。

一个历史悠久并富有坚韧品质的文明，一个充满智慧且饱含奋进力量的民族，迎来了新时代和新梦想。这一代人，必将在实现中华民族伟大复兴的征程中不断翻越新的高峰。

初心如磐，使命如山；道路如砥，行者无疆。在习近平新时代中国特色社会主义思想特别是习近平总书记关于网络强国的重要思想指引下，我们将牢牢把握建设网络强国、科技强国的战略目标，以只争朝夕的责任感、使命感、紧迫感，抢抓全球科技发展先机，加快构筑自立自强数字技术创新体系，努力推动数字技术加快突破、应用创新全球领先，为强国建设、民族复兴作出新的更大贡献。

七

清风徐来天地明
——关于网络文明建设

五千年弦歌不辍，薪火相传；五千年江河浩荡，人文日新。中华文明以其独特的魅力在人类文明史上历久弥新、绽放光彩，为人类文明进步发展作出了巨大贡献。百年来，我们党团结带领全国各族人民历经千辛万苦、付出巨大代价，开辟了中国式现代化道路，创造了人类文明新形态。

历史潮流奔涌向前，进入信息时代，人类社会朝着数字化、网络化、智能化方向加速演进，网络空间成为人类生产生活的新空间。亿万人民在网上的交流交往、创新创造，正日益催生出一种新型的文明形式——网络文明。

党的十八大以来，以习近平同志为核心的党中央坚持把马克思主义基本原理同中国具体实际相结合、同中华优秀传统文化相结合，以党的创新理论团结凝聚亿万网民，大力弘扬和践行社会主义核心价值观，持续加强网络文明建设，网络空间更加清朗，网络行为日益规范，社会各界参与网络文明建设更加踊跃，文明办网、文明用网、文明上网蔚然成风，网络文明对于建设中华民族现代文明的意义和作用更加凸显。

把网络文明作为网络强国建设重要任务，共筑网上美好精神家园

在古汉字中，"文"字像一个站立的人形。在古代中国人眼

里,"文明"就是人的光辉,意味着道德泽布、教化昌明,包含了彰显人的价值、实现人的发展的深刻意蕴。

历史是精神的大写与展开,思想是文明的凝结与升华。党的十八大以来,以习近平同志为核心的党中央始终坚持以人民为中心的发展思想,推动物质文明、政治文明、精神文明、社会文明、生态文明协调发展,谱写了中华民族现代文明建设新篇章。习近平总书记从坚持和发展中国特色社会主义、实现中华民族伟大复兴的战略高度,对中华文明的继承弘扬和创新发展进行了全方位、深层次思考,提出了一系列新思想新观点新论断,创造性地丰富和发展了我们党关于文化建设的思想。

"中华文明经历了五千多年的历史变迁,但始终一脉相承,积淀着中华民族最深层的精神追求,代表着中华民族独特的精神标识,为中华民族生生不息、发展壮大提供了丰厚滋养。"2014年,习近平总书记在联合国教科文组织总部发表演讲,谈到中华文明时充满着深沉的情感。

五千年华夏文明大河浩荡、绵远流长,既创造了光耀人类的灿烂辉煌,也经历了数不尽的艰难曲折。今天,建设中华民族现代文明的接力棒传递到我们这一代人手中,这是一种历史使命与历史责任。

2023年6月1日至2日,习近平总书记专程到中国国家版本馆和中国历史研究院考察调研、出席文化传承发展座谈会并发表重要讲话，从党和国家事业发展全局战略高度，对中华文化传承发展的一系列重大理论和实践问题作出全面系统深入的阐述，发出振奋人心的号召——

"要坚定文化自信、担当使命、奋发有为，共同努力创造属于我们这个时代的新文化，建设中华民族现代文明。"

文化兴则国家兴，文化强则民族强。

文明的传承与发展使得我们民族生生不息、文脉流传。从黄土高原到冀中平原，从八闽大地到东海之滨，直到在中央工作，习近平总书记对中华文明的坚定自信始终如一，对推动中华优秀传统文化的保护、传承、发展始终如一。

在宁德，习近平同志就曾有过关于"正确认识脱贫致富和建设精神文明的关系"的深入思考："真正的社会主义不能仅仅理解为生产力的高度发展，还必须有高度发展的精神文明——一方面要让人民过上比较富足的生活，另一方面要提高人民的思想道德水平和科学文化水平，这才是真正意义上的脱贫致富。"

在福州，为保护古街古城，时任市委书记的习近平同志一锤定音，推动三坊七巷古街区保护修缮。30余年来，三坊七巷从"保下来"走向"活起来"，不断绽放出新的光彩。

在浙江，习近平同志提出以"开天辟地、敢为人先的首创精神，坚定理想、百折不挠的奋斗精神，立党为公、忠诚为民的奉献精神"为主要内涵的红船精神，亲自提炼"求真务实、诚信和谐、开放图强"的浙江精神，激发了浙江人民砥砺奋进的精神力量，标注了浙江发展的精神坐标。

装点此关山，今朝更好看。

既要有"仓廪实衣食足"的物质生活，还要有"知礼节知荣辱"的社会风气，这是人民群众向往的美好生活，也是中国共产党人的郑重承诺。

"实现中华民族伟大复兴的中国梦，物质财富要极大丰富，精神财富也要极大丰富。我们要继续锲而不舍、一以贯之抓好社会主义精神文明建设，为全国各族人民不断前进提供坚强的思想保证、强大的精神力量、丰润的道德滋养。"习近平总书记语气坚定，字字千钧。

苟日新，日日新，又日新。

一个有着10.79亿网民、正由网络大国阔步迈向网络强国的现代中国，如何把网络空间塑造成凝心聚力、引领风尚、丰富人民精神世界、增强人民精神力量的新空间，是我们必须回答的时代课题。

党的十八大以来，面对互联网这个"最大变量"，以习近平同志为核心的党中央把握大势、举旗定向，把培育弘扬社会主义核心价值观融入互联网发展治理全过程，引领网络文明建设从开局破题、全面铺开到纵深推进。

"只有站在时代前沿，引领风气之先，精神文明建设才能发挥更大威力。"2015年2月28日，习近平总书记在会见第四届全国文明城市、文明村镇、文明单位和未成年人思想道德建设工作先进代表时强调："当前，社会上思想活跃、观念碰撞，互联网等新技术新媒介日新月异，我们要审时度势、因势利导，创新内容和载体，改进方式和方法，使精神文明建设始终充满生机活力。"

2016年4月19日，习近平总书记在网络安全和信息化工作座谈会上指出："用社会主义核心价值观和人类优秀文明成果滋养人心、滋养社会，做到正能量充沛、主旋律高昂，为广大网民特别是青少年营造一个风清气正的网络空间。"

2018年4月20日至21日，全国网络安全和信息化工作会议召开，习近平总书记强调："构建网上网下同心圆，更好凝聚社会共识，巩固全党全国人民团结奋斗的共同思想基础。"

习近平总书记的一系列重要指示，为我国加快推进网络文明建设、共建网上美好精神家园指明了前进方向、提供了根本遵循。

站在"两个一百年"奋斗目标的历史交汇点上，2020年10月，党的十九届五中全会作出了"加强网络文明建设，发展积极健康的网络文化"的重要部署。

一年后，《关于加强网络文明建设的意见》出台，对我国网络文明建设进行了全面系统部署。这是我国网络文明建设领域的第一份指导性中央文件。《关于加强网络文明建设的意见》指出，加强网络文明建设，是推进社会主义精神文明建设、提高社会文明程度的必然要求，是适应社会主要矛盾变化、满足人民对美好生活向往的迫切需要，是加快建设网络强国、全面建设社会主义现代化国家的重要任务。

2021年11月19日，首届中国网络文明大会在北京开幕，习近平总书记发来贺信，指出"网络文明是新形势下社会文明的重要内容，是建设网络强国的重要领域"，强调"要坚持发展和治理相统一、网上和网下相融合，广泛汇聚向上向善力量""共同推进文明办网、文明用网、文明上网，以时代新风塑造和净化网络空间，共建网上美好精神家园"。习近平总书记的贺信，着眼以网络强国助力全面建设社会主义现代化国家的战略全局，深刻阐明建设网络文明的重大意义、目标任务和实践要求，为加强新时代网络文明建设提供了科学指引。

新时代以来，网络文明建设被摆在前所未有的重要高度。"汇聚向上向善力量，携手建设网络文明""弘扬时代新风，建设网络文明"；发布新时代网络文明建设10件大事，举办新时代中国网络文明建设成果展……如今，中国网络文明大会已连续举办两届，这个旨在搭建理念宣介平台、经验交流平台、成果展示平台和国际互鉴平台的大会正在不断探寻网络文明建设的时代答案。

2023年6月26日，世界互联网大会数字文明尼山对话在孔子故里曲阜开幕（新华社记者 郭绪雷 摄）

正能量更强劲、主旋律更高昂，网络空间向上向善的文明之光竞相闪耀。今天，这个拥有全球最为庞大数字社会的东方国度，探索走出了一条具有鲜明自身特色的治网之道，网络空间日渐清朗，文明之花在网络空间粲然绽放。

向上向善正能量充盈网络空间，推动网络文明蔚然成风

党的十八大以来，在习近平总书记关于网络强国的重要思想指引下，我国网络文明建设顶层设计逐步完善，党的创新理论网上传播入脑入心，网络空间文化培育创新开展、道德建设

蔚然成风、行为规范更加完善、生态治理有力有效……网络文明犹如缕缕春风吹遍祖国大江南北,为同心共筑中国梦提供了强大精神动力。

——以党的创新理论引领网络空间

党的创新理论指引着当代中国的进步方向,是思想的灯塔、前进的航标。

神州大地,理论学习热潮涌动。

学习贯彻习近平新时代中国特色社会主义思想主题教育官网上线;"学习大军"利用网络新媒体学习宣传习近平新时代中国特色社会主义思想;县级融媒体中心打通党心连接民心的"最后一公里";新时代文明实践中心成为老百姓"家门口的红色学堂"……大江南北,城乡基层,网上网下,同频共振、同向发力,党的创新理论通过互联网"飞入寻常百姓家"。

亿万网民中,学理论、悟思想的热情在升腾。

紧扣学习贯彻习近平新时代中国特色社会主义思想和党的二十大精神,一篇篇述评、政论文章见诸报端、刷屏手机……饱蘸理性与激情的笔触,鞭辟入里,娓娓道来,让网民眼前一亮、耳目一新。《习近平用典》《复兴·领航》等重磅微视频,《学习进行时》《每日一习话》《近镜头·温暖的瞬间》等栏目,《平"语"近人——习近平总书记用典》等精品力作以广大网友喜闻乐见的方式,推动习近平新时代中国特色社会主义思想生动阐释、广泛传播。

人心是最大的政治。

各大主流新闻网站纷纷开设留言建议栏目，开通网上民意直通车，畅通民意表达新渠道；中央网信办连续举办"走好网上群众路线百个成绩突出账号推选活动"，一大批践行网上群众路线的优秀账号如雨后春笋般涌现……通过互联网问需于民、问计于民，更好倾听民声、尊重民意、顺应民心，努力把网民所思所想所盼转化为政之所向。

嘹亮的主旋律、强劲的正能量，涌动在广为诵读的章句里、生动鲜活的传播产品里、可亲可感的网络留言里，汇聚起同心共筑中国梦的强大能量。

——以健康向上的网络文化塑造网络空间

为人民抒写，为梦想高歌。从影视作品《觉醒年代》《长津湖》中坚定历史自信，从《山海情》《守岛人》中汲取前行力量，从《我们走在大路上》《领航》中激扬奋进豪情……2022年10月，第十六届精神文明建设"五个一工程"入选作品在网上公示。一批批深入生活、扎根人民的文艺精品，一系列有内容、有温度、有力量的优秀作品在网络空间激发情感共鸣。

144部网络文学作品入藏国家图书馆永久典藏，10部网络文学作品的数字版本入藏中国国家版本馆……网络内容建设的创新创造活力持续涌流。

从"铅与火"到"光与电",再到"数与网",网络视听、数字文旅等新业态蓬勃发展,数字技术成为推动文化产业发展的重要动力。

国家大剧院推出超高清实时直播,北京京剧院打造"京戏云剧场";云音乐会、云录制、云展览、云旅游、云观影等线上文化消费新场景、新模式不断丰富……我国数字文化产业规模持续壮大。

文化类电视节目《中国诗词大会》《典籍里的中国》网上网下热播;国潮文创、古风汉服等成为网络时尚;"数字中轴""数字故宫""数字敦煌""云游长城"多维度回答"何以中国"……收藏在博物馆里的文物、陈列在广阔大地上的遗产、书写在古籍里的文字借助数字技术"活"起来了,滋养着亿万网民的精神世界。

——以良好道德风尚滋养网络空间

青春报国、托起强国梦的科技功臣;扎根农村、带领乡亲致富的大学生村官;精益求精、为"中国智造"增光添彩的产业工人……正是一个个有理想、有情怀、有担当的个人,一次次感动全网。

网络空间,因为他们而更有温度。

时代新风大力弘扬,各地各部门广泛开展劳动模范、时代楷模、道德模范、最美人物、身边好人等模范人物和先进事迹网络宣传，深入实施网络公益工程，健全网络诚信建设长效机制……社会主义核心价值观成为网民日用而不觉的行为准则，崇德向善、见贤思齐在网络空间蔚然成风，亿万网民正以实际行动印证着"人民有信仰，国家有力量，民族有希望"。

——以良好行为规范网络空间

近年来，网络暴力成为广大群众深恶痛绝的新问题。

不义不处，非理不行。网络空间不是法外之地，容不得肆意妄为。

最高人民法院、最高人民检察院、公安部印发《关于依法惩治网络暴力违法犯罪的指导意见》；中央网信办印发《关于切实加强网络暴力治理的通知》强调，"进一步压实网站平台主体责任""维护文明健康的网络环境"……

各网络平台纷纷升级预防网暴能力，新上线"风险提醒""发文警示"等功能，整治不当私信和不当评论，推动形成预防网暴合力。在"清朗·网络暴力专项治理行动"中，截至2022年8月，重点网站平台累计拦截涉攻击谩骂、造谣诋毁等信息6541万余条，处置违法违规的账号7.8万个。

时间长河奔涌，信念之火永存。

狼牙山五壮士、白刃格斗英雄连、刘老庄连、董存瑞、邱少云、黄继光……这些响亮的名字、光辉的名字、载入史册的名字，习近平总书记一次又一次提起，一次又一次表达敬意，

"回想过去那段峥嵘岁月,我们要向革命先烈表示崇高的敬意,我们永远怀念他们、牢记他们"。

"崇尚英雄才会产生英雄,争做英雄才能英雄辈出。"历史不容背叛,英雄不容亵渎。但近年来,一些别有用心之人以所谓"重新评价历史"为名,在网上肆意歪曲党史、国史、军史,妄图摧毁中华民族的精神脊梁。

从通过立法确定中国人民抗日战争胜利纪念日、烈士纪念日,到《中华人民共和国英雄烈士保护法》正式实施;从开展"清明祭英烈"主题祭扫活动,到"清朗·整治网上历史虚无主义"专项行动,近年来,侮辱英烈、亵渎历史的恶行依法得到严惩,崇尚英雄、捍卫英雄、学习英雄、关爱英雄的氛围日渐浓厚,反对历史虚无主义、守护民族精神命脉日渐成为网民的自觉行为。

——以综合治网管网净化网络空间

建立网络综合治理体系,是清朗网络空间的治本之策。习近平总书记强调:"必须提高网络综合治理能力,形成党委领导、政府管理、企业履责、社会监督、网民自律等多主体参与,经济、法律、技术等多种手段相结合的综合治网格局。"

网信系统进一步理顺互联网管理领导体制机制,积极发挥统筹协调作用,会同各有关部门推动形成"一张网""一盘棋"工作格局,深入治理、重拳打击网上乱象,持续净化网络生态。

网信企业不断压实主体责任，强化行业自律，积极守好网络治理的"第一道关口"，严格落实法律法规要求，更好地承担起社会责任和道德责任，努力实现健康有序发展。

广大网民主动参与网络文明建设，积极参与营造良好网络生态，广泛传播正能量，自觉弘扬真善美、抵制假丑恶，网络素养进一步提升。

目前，涵盖互联网领导管理、正能量传播、网络内容管控、社会协同治理、网络法治、技术治网等方面的网络综合治理体系已基本建成，推动实现互联网由"管"到"治"的根本转变，进一步丰富完善了中国特色治网之道，形成了丰富的理论成果、实践成果、制度成果。

立善法于天下，则天下治；立善法于一国，则一国治。

《中华人民共和国网络安全法》《中华人民共和国电子商务法》《中华人民共和国数据安全法》《中华人民共和国个人信息保护法》……党的十八大以来，我国网络空间法治建设快速推进，互联网内容建设与管理相关法律法规日益健全，文明办网、文明上网、文明用网的网络新生态逐渐形成。

深入开展"净网""护苗"等专项整治行动，有力净化网络环境；持续开展"清朗"系列专项行动，针对"饭圈"乱象、网络水军等突出问题持续开展集中整治，形成有力震慑……近年来，相关部门聚焦重点问题、回应群众关切，紧盯不放、重拳出击，网民合法权益得到有效保障，亿万人民群众在网络空间中的获得感、幸福感、安全感显著提升。

——以文明创建绘就网络空间新画卷

党的二十大报告指出，"统筹推动文明培育、文明实践、文明创建，推进城乡精神文明建设融合发展"。群众性精神文明创建活动是开展网络文明建设的重要载体和有力抓手。近年来，相关部门积极开拓创新，打造文明创建新品牌，推动群众性精神文明创建活动向网上延伸，广泛凝聚起网络文明向上向善的社会共识。

系统推进"争做中国好网民"工程，创新打造出一批形式多样、可亲可感的宣传引导活动和网上传播精品，推动网络文明理念更加深入人心。

传播诚信理念、践行诚信规范，连续举办中国网络诚信大会，积极营造守信互信、共践共行的良好社会氛围。

创新社会主义核心价值观宣传教育，"中国好人榜"网上评议和发布活动形成良好示范带动效应，有效弘扬网络文明、净化网络环境。

整合县级媒体资源、巩固壮大主流思想舆论，县级融媒体中心在基层一线生动写好媒体融合发展的大文章，为人民群众提供更为便捷、更加优质的信息服务。

积极推进将网络文明建设情况纳入文明城市、文明村镇、文明单位、文明家庭、文明校园等评选标准，不断培育文明新风尚。

助力青少年健康成长，组织开展"青年网络文明志愿行动"，打造《中国好青年》《青年网络公开课》等系列品牌产品，在广大青年网民中产生热烈反响。

——以网络文明助力建设中华民族现代文明，为创造人类文明新形态贡献力量

当前，百年变局加速演进，随着地缘政治冲突日益加剧，"文明冲突论""文明优越论"不时沉渣泛起。不同文明之间，冲突还是对话、对抗还是合作，已成为关乎人类前途命运的重大课题。

"中国共产党将致力于推动文明交流互鉴，促进人类文明进步。""中国式现代化作为人类文明新形态，与全球其他文明相互借鉴，必将极大丰富世界文明百花园。"2023年3月15日，习近平总书记出席中国共产党与世界政党高层对话会并发表主旨讲话，同全球150多个国家的500多个政党和政治组织的领导人"云"聚一堂。真挚亲切的话语、浑厚有力的声音，通过互联网传向五洲四海，激荡起广泛共鸣。

在这次会议上，习近平总书记面向全球政党，郑重提出全球文明倡议——共同倡导尊重世界文明多样性，共同倡导弘扬全人类共同价值，共同倡导重视文明传承和创新，共同倡导加

强国际人文交流合作。这是我国为推动人类文明进步事业贡献的又一中国智慧、中国方案。

党的十八大以来，从访问联合国教科文组织总部，到亲自倡议举办亚洲文明对话大会；从出访期间"最喜欢做的一件事情就是了解五大洲的不同文明"，到强调化解世界各国面临网络空间的突出矛盾和问题，"用人类文明优秀成果滋养网络空间、修复网络生态"……习近平总书记亲力亲为，倡导平等、互鉴、对话、包容的文明观，推动各方以文明交流超越文明隔阂、文明互鉴超越文明冲突、文明包容超越文明优越，有效促进国际网络文明交流进程。

历史浩荡，未来已来。

当前，中华民族伟大复兴战略全局和世界百年未有之大变局与信息革命的时代潮流发生历史性交汇。我国正向着全面建成社会主义现代化强国第二个百年奋斗目标阔步迈进。

党的二十大报告把"提高全社会文明程度"作为"推进文化自信自强，铸就社会主义文化新辉煌"的重要内容，作出全面系统部署，为新时代新征程加强网络文明建设指明了前进方向。

新时代画卷气吞山河，新征程篇章气势恢宏。

在习近平新时代中国特色社会主义思想特别是习近平总书记关于网络强国的重要思想指引下，我们要把握历史主动、赓续文明之火，持之以恒、久久为功，以加强网络文明建设新成效开创网络强国建设新局面，加快推动形成适应新时代要求的思想观念、精神面貌、文明风尚、行为规范，不断汇聚起奋进新征程、建功新时代的磅礴伟力，为建设中华民族现代文明作出应有贡献。

八

奋楫中流绘新篇

——关于网络安全工作

当前，人类社会正加速迈向数字文明时代，伴随数字化、网络化、智能化深入发展，国家安全的内涵和外延更加丰富，时空领域更加宽广，内外因素更加复杂。网络安全与政治安全、经济安全、文化安全、社会安全、军事安全等领域相互交融、相互影响，已成为我国面临的最复杂、最现实、最严峻的非传统安全问题之一，在国家安全体系中的基础性、战略性、全局性地位更加凸显。党的二十大作出加快建设网络强国、数字中国的重大部署，开启了我国信息化发展新征程。行进在信息时代快车道的中国，如何筑牢网络安全屏障，为网络强国、数字中国建设提供坚实安全保障，已成为关乎全局的重大课题。

党的十八大以来，以习近平同志为核心的党中央深刻洞察和准确把握国家安全形势变化新特点，统筹发展和安全，对我国网络安全工作作出一系列新部署新要求。在习近平总书记关于网络强国的重要思想指引下，我国网络安全体系建设不断完善，网络安全保障能力持续提升，网络安全技术和产业蓬勃发展，网络安全防线全方位巩固，有力护航网络强国、数字中国乘风破浪、行稳致远。

紧紧抓住信息化变革新机遇，全面部署推进网络安全工作

时代浪潮，浩浩荡荡；大国治理，机杼万端。在加快建设数字中国、阔步迈向网络强国的征途上，如何回应网络安全新命题、引领新发展？

察时代大势，新一轮科技革命和产业变革方兴未艾，信息化、数字化正在重新绘制世界权力图谱，每一次重大技术变革都给国家安全带来新的挑战，网络安全已经成为大国博弈的重要领域。

观全球风云，当前伴随数字化、网络化、智能化发展大潮，网络安全威胁和风险日益突出，网络安全形势日益严峻、复杂多变，全局性和渗透性前所未有，隐蔽性和动态性前所未有，给国家安全和社会发展带来严峻挑战。

"这对世界各国都是一个难题，我们当然也不例外。"习近平总书记的重要论断清醒而坚定。

备豫不虞，为国常道。对于新时代中国的网络安全新命题，习近平总书记有着深邃的思考。

惊涛骇浪前，沧海横流时，更见掌舵之稳、领航之力。"网络和信息安全牵涉到国家安全和社会稳定，是我们面临的新的

综合性挑战。"召开会议、一线调研、系统部署，习近平总书记始终在思考和谋划。

2014年2月27日，习近平总书记主持召开中央网络安全和信息化领导小组第一次会议，他强调："没有网络安全就没有国家安全""网络安全和信息化是一体之两翼、驱动之双轮，必须统一谋划、统一部署、统一推进、统一实施。"

"国家安全是头等大事。"2014年4月15日，习近平总书记在中央国家安全委员会第一次会议上首次提出总体国家安全观。这是一次对传统国家安全理念的重大突破，深化和拓展了我们党关于国家安全问题的理论视野和实践领域，标志着我们党对国家安全问题的认识达到了新的高度。

在这次会议上，习近平总书记对国家安全要素作出战略性系统定位，将"信息安全"上升到国家安全的重要高度。

如何处理好安全和发展的关系，以安全保发展、以发展促安全，做到协调一致、齐头并进，既关乎"硬实力"的成长，也考验着国家治理"软实力"的升级。

"安全是发展的前提，发展是安全的保障，安全和发展要同步推进。"2016年4月19日，网络安全和信息化工作座谈会在北京召开。习近平总书记在会上深刻剖析了网络安全的主要特征——网络安全是整体的而不是割裂的，是动态的而不是静态的，是开放的而不是封闭的，是相对的而不是绝对的，是共同的而不是孤立的,明确提出要"树立正确的网络安全观"。

一个月后,在黑龙江省的一家网络安全公司考察调研时,习近平总书记叮嘱:"维护国家网络安全需要整体设计、加强合作,在相互学习、相互切磋、联合攻关、互利共赢中走出一条好的路子来。"

这是挺立时代潮头、紧扣时代脉搏的深刻论断。

当前,数字化浪潮奔涌向前,国际力量对比深刻调整,国际环境日趋复杂,不稳定性不确定性明显增加。自2015年起,全球已有超过170个国家和地区将数字安全作为重要战略方向,围绕数字技术、数据要素、产业生态、安全标准等的国际竞争日趋激烈。

"中国愿同世界各国一道,共同担起为人类谋进步的历史责任,激发数字经济活力,增强数字政府效能,优化数字社会环境,构建数字合作格局,筑牢数字安全屏障,让数字文明造福各国人民,推动构建人类命运共同体。"2021年9月,习近平总书记向世界互联网大会乌镇峰会致贺信,以海纳百川的博大胸襟彰显出信息时代的大国担当。

建久安之势,成长治之业。

当前,各行业数字化转型加快推进,数字安全风险演进升级,并不断向多个领域延伸渗透。如何强化数字安全保障能力,直接关乎数字中国建设进程。

2023年，中共中央、国务院印发《数字中国建设整体布局规划》，将"筑牢可信可控的数字安全屏障"列为强化数字中国的两大"关键能力"之一，并作出系统部署，为我国数字安全工作指明实践路径。

胸怀国之大者，着眼国之大事。领袖心中，"人民"二字分量最重。

近年来，我国"互联网+"持续深入发展，产业数字化转型加速推进，数字产业化加快推进，智能应用深度嵌入经济社会发展的方方面面，人机物三元融合、万物智能互联在创造经济社会生活崭新样态的同时，数据滥采、数据泄露、电信网络诈骗等侵害人民群众利益的问题时有出现，维护和保障广大人民群众在网络空间的合法权益刻不容缓。

2019年9月，在国家网络安全宣传周开幕之际，习近平总书记对网络安全工作作出"四个坚持"的重要指示，其中"人民"居首位："国家网络安全工作要坚持网络安全为人民、网络安全靠人民，保障个人信息安全，维护公民在网络空间的合法权益。"

孜孜步履，灼灼目光，殷殷话语。党的十八大以来，习近平总书记以马克思主义政治家、思想家、战略家的深刻洞察力、敏锐判断力、理论创造力，就网络安全工作提出一系列新思想、新观点、新论断，对我国网络安全工作作出前瞻性、战略性、全局性谋划，为做好新时代网络安全工作指明了前进方向、提供了根本遵循，也为国际社会共同应对网络安全风险挑战提供了中国方案、贡献了中国智慧。

统筹发展和安全，网络安全保障体系和能力建设不断加强

"安而不忘危，治而不忘乱"，这是中国人几千年来的思想智慧。迈入信息时代，善于从历史中汲取智慧和力量的中国共产党人，始终饱含忧患意识，深刻认识国家安全面临的复杂严峻形势，正确把握重大国家安全问题，以新安全格局保障新发展格局，努力开创国家安全工作新局面。

近年来，全球能源、交通等领域的关键信息基础设施屡遭网络攻击，震惊全球的网络安全事件层出不穷。从"震网"行动拉开首个国家级破坏性网络战的帷幕，到"永恒之蓝"进行全球性勒索攻击，再到2022年在乌克兰危机中爆发的网络空间对抗……准确认识和有效应对新形势下网络安全风险、有力保障网络安全，是我们必须回答好的重大时代课题。

新时代，新形势，新答卷。

党的十八大以来，我国网络安全保障体系不断完善、网络安全产业技术水平和竞争力不断提升、网络安全人才培养体系

建设加快、网络安全宣传教育走进寻常百姓家……在各方面齐抓共管下，我国网络安全工作取得显著成绩，不断为我国经济高质量发展保驾护航。

——网络安全法律法规和标准体系不断健全

法治是治国理政的基本遵循，是信息文明时代的厚重基石。数千年中华文明演进，历尽沧桑，兴衰交替，一再诠释着"法令行则国治，法令弛则国乱"的深刻道理。

"数字经济、互联网金融、人工智能、大数据、云计算等新技术新应用快速发展，催生一系列新业态新模式，但相关法律制度还存在时间差、空白区。""网络犯罪已成为危害我国国家政治安全、网络安全、社会安全、经济安全等的重要风险之一。"

时代在进步，实践在发展，法律体系必须与时俱进加以完善。

2017年6月1日，《中华人民共和国网络安全法》正式施行，这是我国网络安全领域的首部基础性、框架性、综合性法律，对网络运行安全、关键信息基础设施保护、网络信息安全、网络安全监管体制等方面作出明确规定，成为我国网络空间法治建设的重要里程碑，标志着我国网络空间法治化进程迈出坚实一步。

此后，针对网络安全领域的新形势、新挑战，《中华人民共和国数据安全法》《关键信息基础设施安全保护条例》《中华人民共和国个人信息保护法》等一系列法律法规相继颁布，《云计算服务安全评估办法》《网络安全审查办法》等政策文件陆续出台，网络安全政策法规体系的"四梁八柱"逐步构筑，确保网络安全工作始终在法治化轨道上运行。

筑牢网络安全屏障既是一项技术课题，也是一道治理考题。

作为新一轮科技革命和产业变革的重要驱动力量，人工智能技术发展与应用拓展正在按下"快进键"。ChatGPT等生成式人工智能大规模兴起，在对未来人工智能产业发展提供无限想象空间的同时，也给国家主权、意识形态、社会关系等带来冲击，深刻影响国家安全。

2023年以来，中央政治局会议多次提及人工智能。4月28日，二十届中共中央政治局召开会议指出"要重视通用人工智能发展，营造创新生态，重视防范风险"；7月24日，二十届中共中央政治局召开会议再次强调"促进人工智能安全发展"……

从《关于加快场景创新以人工智能高水平应用促进经济高质量发展的指导意见》为全面提升人工智能发展质量和水平提供政策指引和制度安排，到《生成式人工智能服务管理暂行办法》为人工智能发展和应用划出"底线"和"红线"……一方面鼓励创新发展，另一方面实行包容审慎和分类分级监管，我国加快制定出台一系列相关政策法规，促进人工智能进入安全发展的快车道。

标准是人类文明进步的成果。从中国古代的"车同轨、书同文",到现代工业规模化生产,都是标准化的生动实践。

2016年8月,我国发布《关于加强国家网络安全标准化工作的若干意见》,特别是加快推进工业互联网、车联网、物联网、生成式人工智能等领域网络安全标准研制,推动网络安全标准从"单一到多元"的系统突破。截至2023年8月,我国共计发布370余项网络安全国家标准。

——关键信息基础设施安全保护能力显著提升

关键信息基础设施是网络安全的重中之重,是关乎国家安全的"命门"所在,是国家的重要战略资源。

近年来,高级持续性威胁(APT)攻击瞄准关键信息基础设施和重要信息系统,漏洞安全威胁形势不容乐观。据统计,2023年第一季度,教育、卫健、金融等行业是受数据泄露影响较大的行业,其中单次遭泄露数据量在10万至100万条区间内占比最高,接近总量的一半。

"不出问题则已,一出就可能导致交通中断、金融紊乱、电力瘫痪等问题,具有很大的破坏性和杀伤力。我们必须深入研究,采取有效措施,切实做好国家关键信息基础设施安全防护。""供应链的'命门'掌握在别人手里,那就好比在别人的墙基上砌房子,再大再漂亮也可能经不起风雨,甚至会不堪一击。"习近平总书记高度重视关键信息基础设施安全防护。

习近平总书记强调,"加强关键信息基础设施安全保障,完善网络治理体系"。各地区各部门各行业牢记习近平总书记的嘱托和要求,推动关键信息基础设施安全保障体系不断完善。

《中华人民共和国网络安全法》设立"关键信息基础设施的运行安全"专门章节；《关键信息基础设施安全保护条例》正式实施,建立以国家网信部门、公安部门、关键信息基础设施保护工作部门、关键信息基础设施运营者为主体的关键信息基础设施安全综合保护责任体系；《信息安全技术 关键信息基础设施安全保护要求》成为我国首部关键信息基础设施安全保护国家标准……

针对水利、电力、油气、交通、通信、金融等领域重要信息基础设施,强化网络安全检查；组织开展对关键信息基础设施运营者采购网络产品和服务活动的网络安全审查,有效防范采购活动、数据处理活动以及国外上市可能带来的国家安全风险；对面向党政机关和关键信息基础设施提供服务的云平台组织开展安全评估,加强云计算服务安全管理,防范云计算服务安全风险,做到关口前移,防患于未然。

近年来,我国不断强化关键信息基础设施供应链安全保障工作,加速推进关键信息基础设施安全标准化工作,关键信息基础设施安全保障能力进一步提升。

——网络安全工作基础不断夯实

习近平总书记明确指出:"要掌握我国互联网发展主动权,保障互联网安全、国家安全,就必须突破核心技术这个难题,争取在某些领域、某些方面实现'弯道超车'。""人家用的是飞机大炮,我们这里还用大刀长矛,那是不行的,攻防力量要对等。要以技术对技术,以技术管技术,做到魔高一尺、道高一丈。"

瞄准不断提升我国网络安全保障能力的目标,一个个振奋人心的突破,一项项激发潜力的实招,定位精准,目标明确,布局深远。

健全国家网络安全应急体系。网络安全应急工作是网络安全的最后一道防线,建立健全网络安全应急工作机制,提升应急响应处置能力,对于捍卫国家安全至关重要。2017年,《国家网络安全事件应急预案》印发实施,推动金融、能源、通信、交通等行业领域完善网络安全应急预案,提高应对网络安全事件能力,预防和减少网络安全事件造成的损失和危害,保护公众利益,维护国家安全、公共安全和社会秩序。

网络安全产业规模不断扩大。在北京,国家网络安全产业园区重点推动网络安全产业集聚发展、网络安全核心技术突破;湖南长沙聚力发展网络安全产业,行业龙头企业迅速发展,领军企业不断涌现,创新型中小企业快速成长;全国首个跨省域国家级网络安全产业园区落地成渝，打造引领西部网络安全产业创新发展的高地……

"要坚定不移支持网信企业做大做强，加强规范引导，促进其健康有序发展。"

网络安全态势感知是"关口前移，防患于未然"的重要基础，我国在态势感知领域技术创新活跃，催生出大量的新产品、新服务，涌现出一批龙头企业，推动网络安全变被动防御为主动防御。据统计，2022年我国网络安全产业规模近633亿元，同比增长3.1%。

网络安全人才活力奔涌。网络空间的竞争，归根结底是人才竞争。提升网络安全保障水平，必须有一支高水平的网络安全人才队伍。

在网络安全和信息化工作座谈会上，习近平总书记语重心长地对与会代表们说："我说过，要把我们的事业发展好，就要聚天下英才而用之。"习近平总书记深知互联网领域的人才有不少是"怪才""奇才"，他强调，"对待特殊人才要有特殊政策，不要求全责备，不要论资排辈，不要都用一把尺子衡量"。

近年来，我国创新网络安全人才培养机制，印发《关于加强网络安全学科建设和人才培养的意见》，设立网络空间安全一级学科，实施一流网络安全学院建设示范项目，网络安全人才队伍不断壮大。目前，全国范围内已有60余所高校设立了单独的网络安全学院，200余所高校设置网络安全相关专业。

网络安全宣传教育深入开展。举办网络安全宣传周，提升全民网络安全意识和防护技能，是网络安全工作的重要内容。自举办国家网络安全宣传周以来，各地区各部门多措并举、扎实推进，以百姓喜闻乐见的形式，宣传网络安全理念、普及网络安全知识、推广网络安全技能，广泛开展网络安全进社区、进农村、进企业、进机关、进校园、进军营、进家庭等活动，有力推动全社会网络安全意识和防护技能提升，在全国范围内形成了共同维护网络安全的良好氛围。2022年国家网络安全宣传周期间，相关话题阅读量累计38.6亿次，主要短视频平台视频播放量超5亿次。

2023年9月12日，四川省内江市东兴区阳光学校组织开展国家网络安全宣传周校园日活动，通过知识竞赛、主题班会、互动游戏等，引导学生绿色上网，防范网络不良信息的侵害（新华社发　兰自涛　摄）

一项项强有力的举措，让"网络安全为人民，网络安全靠人民"的理念内化于心、外化于行，成为广大网民共筑网络安全防线的自觉行动。

——数据安全管理和个人信息保护水平持续提升

2018年英国"剑桥分析"事件震惊中外，近8700万用户个人信息被违法用于影响政治选举，危及国家政治安全；某著名连锁酒店有超过1.3亿入住用户的数据包被非法出售，泄露数据总数高达5亿条……数据作为"信息时代的石油"，已成为国家基础性战略资源，在推动经济高质量发展的同时，也带来数据泄露、网络诈骗等问题，数据安全已成为事关国家安全与经济社会发展的重大问题，给国家安全和社会治理带来一系列风险挑战。

2022年6月22日，习近平总书记主持召开中央全面深化改革委员会第二十六次会议时指出，"要维护国家数据安全，保护个人信息和商业秘密"。近年来，《中华人民共和国数据安全法》《汽车数据安全管理若干规定（试行）》《数据出境安全评估办法》《网络数据安全管理条例（征求意见稿）》等法律法规和政策文件出台，有效规范各类数据处理活动，我国数据安全保护进入新阶段。

移动支付、手机叫车、线上外卖、刷脸进小区……如今，人们在日常生活中留下了大量的"数字足迹"。这些"数字足迹"是否会被追踪、收集甚至滥用，关乎人民群众的幸福感、安全感。

2018年4月，习近平总书记在全国网络安全和信息化工作会议上强调："要依法严厉打击网络黑客、电信网络诈骗、侵犯公民个人隐私等违法犯罪行为，切断网络犯罪利益链条，持续形成高压态势，维护人民群众合法权益。"

着眼群众所需所盼，中央网信办会同工业和信息化部等部门印发文件，对39种常见类型移动互联网应用程序收集使用必要的个人信息范围作出明确规定；公安机关多次组织"净网"专项行动，依法重拳打击侵犯公民个人信息违法犯罪活动；司法机关出台办理电信网络诈骗等刑事案件的有关司法解释……这是"互联网不是法外之地"的有力印证，是依法打造安全清朗网络空间的鲜明写照，更是"坚持以人民为中心"的责任担当。

——打造可信可控的数字安全体系，为网络强国、数字中国建设提供坚实保障

当前，世界进入新的动荡变革期，正在经历大调整、大分化、大重组，不确定、不稳定、难预料因素增多，全球互联网治理体系发生深刻变化。一个安全、稳定、繁荣的网络空间，对一国乃至世界和平与发展越来越具有重大意义。

"国际规则要依据联合国宪章宗旨和原则，由大家共同书写、共同维护，不能谁的胳膊粗、嗓门大，谁就说了算。更不能拉帮结伙，把自己的'家法帮规'包装成国际规则。"2023年8月23日，习近平总书记出席金砖国家领导人第十五次会晤并发表重要讲话，强调要坚持公平正义，完善全球治理。

一段时间以来，个别国家不断泛化"国家安全"概念，为追求自身所谓"绝对安全"，利用自身垄断优势将技术问题政治化，通过滥用出口管制措施、制定关键技术清单、强化对新兴技术审查等方式，扰乱全球新兴技术产业生态。

只有顺应历史潮流，才能与时代同行。历史和现实一再表明，违背时代发展规律、损害全球共同利益的做法，是开历史倒车，必将被历史抛弃。

"在信息领域没有双重标准，各国都有权维护自己的信息安全，不能一个国家安全而其他国家不安全，一部分国家安全而另一部分国家不安全，更不能牺牲别国安全谋求自身所谓绝对安全。"

从2013年的莫斯科国际关系学院，到2017年的日内瓦万国宫，习近平总书记创造性地提出并阐释构建人类命运共同体理念，倡导建设持久和平、普遍安全、共同繁荣、开放包容、清洁美丽的世界。

从签署二十国集团杭州峰会《二十国集团数字经济发展与合作倡议》，到发布《网络空间国际合作战略》，再到发起《全球数据安全倡议》，中国不断深化数字领域国际合作，积极推动与世界各国共同构建安全稳定繁荣的网络空间。

如今，一大批优秀企业走出国门，在宽带信息基础设施、大数据、网络安全服务等新兴产业领域，为世界各国提供高质量的信息产品和安全技术服务。今天的中国，不仅为推进全球网络安全治理进程提供中国方案，更以实际行动为世界网络安全和发展贡献中国力量。

当前，中华民族伟大复兴战略全局和世界百年未有之大变局与全球信息革命的时代潮流正在发生历史性交汇。我国发展处于新的历史方位，面临更为严峻的国家安全形势，外部压力前所未有，传统安全威胁和非传统安全威胁相互交织，对国家安全体系和能力提出新的更高要求。

回顾历史，习近平总书记深刻指出："我们党在内忧外患中诞生，在磨难挫折中成长，在战胜风险挑战中壮大，始终有着强烈的忧患意识、风险意识。"

"百年变局，一件事一件事出来，一会儿灰犀牛，一会儿黑天鹅。""我是经常地敲警钟。我敲警钟是为了让大家警惕起来，居安要思危。"如履薄冰的谨慎、见叶知秋的敏锐，在治理如此大的一个国家的过程中，贯穿始终。

党的十九大报告明确："统筹发展和安全，增强忧患意识，做到居安思危，是我们党治国理政的一个重大原则。"

在《中共中央关于制定国民经济和社会发展第十四个五年规划和二〇三五年远景目标的建议》起草阶段，习近平总书记亲自敲定设置专章，对统筹发展和安全作出战略部署，因为"我们越来越深刻地认识到，安全是发展的前提，发展是安全的保障"。

党的二十大报告专设"推进国家安全体系和能力现代化，坚决维护国家安全和社会稳定"章节，对国家安全进行战略部署。

越是充满艰难险阻，越要把握好"时"与"势"，坚定信心向前进。今天，强国建设、民族复兴的接力棒历史地落在我们这一代人身上。这是一种历史使命，也是一种历史责任。

《数字中国建设整体布局规划》指出，要筑牢可信可控的数字安全屏障。切实维护网络安全，完善网络安全法律法规和政策体系。增强数据安全保障能力，建立数据分类分级保护基础制度，健全网络数据监测预警和应急处置工作体系。

"当前我们所面临的国家安全问题的复杂程度、艰巨程度明显加大。"2023年5月30日，二十届中央国家安全委员会第一次会议召开，深刻分析当前国家安全面临的复杂严峻形势，强调要"提升网络数据人工智能安全治理水平"。

2023年7月14日至15日，全国网络安全和信息化工作会议召开。习近平总书记对网络安全和信息化工作作出重要指示，提出新时代新征程网信工作的使命任务，把"防风险保安全"摆在突出位置，为我国网络安全事业进一步锚定了前进航向。

居安思危，思则有备，备则无患。

面向新时代新征程，我们要坚持以习近平新时代中国特色社会主义思想特别是习近平总书记关于网络强国的重要思想为指导，深入学习贯彻习近平总书记关于网络安全和信息化工作的重要指示精神和全国网络安全和信息化工作会议精神，全面贯彻总体国家安全观，坚持正确的网络安全观，统筹发展和安全，加快筑牢可信可控的数字安全屏障，大力推进数字安全保障体系和能力建设，坚决维护国家网络安全，强化数据安全和个人信息保护，深入落实网络安全工作责任制，奋力开创新时代网络安全工作新局面，积极防范化解强国建设道路上的各种风险挑战，全力护航中华民族伟大复兴的中国梦！

九

与时偕行天地宽
——关于网络空间国际合作

天下为公、民胞物与、协和万邦……这是中国先贤描述的天下大同的理想图景。

当前，信息时代的革命浪潮正加快向各领域广泛渗透，互联网、大数据、云计算、人工智能、区块链等新技术深刻演变，产业数字化、智能化、绿色化转型加速，数字经济蓬勃发展，为各国发展带来了新机遇。同时，互联网领域发展不平衡、规则不健全、秩序不合理等问题也日益凸显，网络霸权主义对世界和平与发展构成新的威胁，网络空间国际治理呼唤更加公平、合理、有效的解决方案。

党的十八大以来，习近平总书记把握世界发展大势，着眼信息时代人类的前途命运和共同福祉，鲜明提出了构建网络空间命运共同体的重要理念，反映了国际社会的共同期待，体现了中国积极作为的大国担当，为推动全球互联网发展治理贡献了中国智慧、中国方案，赢得了国际社会的高度赞誉和广泛认同。

在习近平总书记关于构建网络空间命运共同体的重要理念指引下，我国提出"发展共同推进、安全共同维护、治理共同参与、成果共同分享"的美好愿景，不断深化网络空间国际合作，携手各国打造开放、公平、公正、非歧视的数字发展环境，共同培育数字发展新动能、开创数字合作新局面，奏响与世界交融发展的新乐章。

科学回答时代之问，贡献全球互联网发展治理的中国方案

世界潮流，浩浩荡荡。人类正处在大发展大变革大调整时期，也正处在一个挑战层出不穷、风险日益增多的时代，面临的治理赤字、信任赤字、发展赤字、和平赤字有增无减。"世界怎么了、我们怎么办？"——时代之问横亘在我们面前。

"中国方案是：构建人类命运共同体，实现共赢共享。"习近平总书记话语坚定。在国际格局转折演变的关头，习近平总书记站在人类命运休戚与共的高度，作出重大宣示，鲜明提出中国方案、中国主张。

让和平的薪火代代相传，让发展的动力源源不断，让文明的光芒熠熠生辉，是世界各国人民的共同期待，也是当代政治家应有的责任担当。

当前，世界百年未有之大变局加速演进，世界经济脆弱性更加突出，地缘政治局势紧张，全球治理严重缺失，粮食和能源等多重危机叠加，人类发展面临重大挑战。同时，信息技术飞速发展，互联网将世界变成"鸡犬之声相闻"的地球村，各国相互联系、相互依存的程度空前加深。人类命运从未如此紧密相连，国际社会从未如此需要携手合作，新的时代之问呼唤

新的解决方案。

时针拨动，回到 2015 年的乌镇时间。

在第二届世界互联网大会开幕式上，习近平总书记创造性提出构建网络空间命运共同体的重要理念，深刻指出："网络空间是人类共同的活动空间，网络空间前途命运应由世界各国共同掌握。"

习近平总书记站在网络空间人类前途命运的战略高度，直面世界互联网发展的共同问题，提出推进全球互联网治理体系变革的"四项原则"和构建网络空间命运共同体的"五点主张"，强调要"尊重网络主权""维护和平安全""促进开放合作""构建良好秩序"，倡导"加快全球网络基础设施建设，促进互联互通""打造网上文化交流共享平台，促进交流互鉴""推动网络经济创新发展，促进共同繁荣""保障网络安全，促进有序发展""构建互联网治理体系，促进公平正义"。

立时代之潮头，发思想之先声。这是顺应时代之变、回应世界之需的中国方案，充盈着对网络空间人类共同命运与人类福祉的高度关切，是信息时代携手构建更加美好数字世界的必然选择。

"推动网络空间实现平等尊重、创新发展、开放共享、安全有序的目标"，饱含着创造世界互联网未来的美好心愿；"发展共同推进、安全共同维护、治理共同参与、成果共同分享"，为全球互联网治理体系变革指明前进方向和实践路径;"深化务实合作,以共进为动力、以共赢为目标,走出一条互信共治之路",真诚倡议赢得国际社会广泛认同……每一次娓娓道来、深入浅出的阐释,每一次对时代之问的详尽作答,都让构建网络空间命运共同体的路径更加清晰明了,都让世界见证中国坚持走合作共赢之路的坚定与自信。

开放引领发展,合作共赢未来。

胸怀大党大国的世界情怀和责任担当,习近平总书记指出:"只要是对全人类有益的事情,中国就应该义不容辞地做,并且做好。"

在水光潋滟的西子湖畔,在炎炎夏日的彩虹之国,在海天一色的博鳌,习近平总书记不断为促进国际交流合作提出中国方案——

面对世界经济低迷不振,习近平总书记在二十国集团杭州峰会上开出推进结构性改革、开辟增长新路径的"中国药方";为实现共同发展,他提出中非"十大合作计划"等合作倡议;面对当前少数国家搞科技"筑墙""脱钩"等情况,他在博鳌亚洲论坛2021年年会开幕式上强调"使科技创新成果更好造福各国人民"……在人类前途命运面临重要抉择的关键时刻,中国始终站在历史正确的一边。

中国对世界的影响,从未像今天这样全面、深刻、长远;

世界对中国的关注，也从未像今天这样广泛、深切、聚焦。面对数字化带来的机遇和挑战，中国始终坚持与国际社会加强数字领域对话交流、深化务实合作，携手构建更加公平合理、开放包容、安全稳定、富有生机活力的网络空间。

"要积极参与数字经济国际合作，主动参与国际组织数字经济议题谈判，开展双多边数字治理合作，维护和完善多边数字经济治理机制"。2021年10月18日，十九届中共中央政治局就推动我国数字经济健康发展进行第三十四次集体学习，习近平总书记强调要"及时提出中国方案，发出中国声音"。

2022年7月12日，在连续八年成功举办世界互联网大会的基础上，世界互联网大会国际组织宣告成立。习近平总书记专门发来贺信，强调"希望世界互联网大会坚持高起点谋划、高

2023年11月8日，2023年世界互联网大会乌镇峰会在浙江乌镇开幕
（新华社记者　黄宗治　摄）

标准建设、高水平推进，以对话交流促进共商，以务实合作推动共享，为全球互联网发展治理贡献智慧和力量"。这是对国际社会迫切寻求网络空间对话协商合作的积极回应，更是朝着构建网络空间命运共同体迈出的坚实一步。

大道之行，天下为公。和平发展、合作共赢是人间正道、大势所趋。

从《网络空间国际合作战略》就推动网络空间国际交流合作首次全面系统地提出中国主张，向世界发出了中国致力于网络空间和平发展、合作共赢的积极信号，到《"十四五"国家信息化规划》将"拓展互利共赢的数字领域国际合作体系"列为十大重点任务之一……"合作共赢"一词，始终贯穿于中国顺应信息时代潮流的发展战略中。这是一个东方大国的博大胸襟，也是新时代中国一如既往的责任担当。

浩渺行无极，扬帆但信风。

构建网络空间命运共同体的重要理念，深深植根于源远流长的中华文明和波澜壮阔的中国实践，契合世界各国求和平、谋发展、促合作、要进步的真诚愿望和崇高追求，有着适应时代发展的深刻丰富的理论内涵，必将不断为构建人类命运共同体提供充沛的数字化动力，构筑坚实的安全屏障，凝聚更广泛的合作共识。在习近平总书记关于构建网络空间命运共同体的重要理念引领下，中国真诚与世界各国分享互联网发展经验和机遇，诚挚欢迎各国搭乘中国互联网发展"快车"，以实际行动赢得了国际社会特别是广大发展中国家的广泛认同。

加强网络空间国际合作，让互联网更好造福世界各国人民

当今世界，既面对前所未有的历史机遇，也面临更为复杂的风险挑战，是相向而行创造美好未来，还是彼此隔绝渐行渐远？风云变幻的时代，需要凝聚共识的思想；日新月异的世界，呼唤洞察未来的远见。

"世界各国虽然国情不同、互联网发展阶段不同、面临的现实挑战不同，但推动数字经济发展的愿望相同、应对网络安全挑战的利益相同、加强网络空间治理的需求相同。"

作为全球最大的发展中国家和网民数量最多的国家，中国顺应信息时代发展趋势，坚持以人民为中心的发展思想，秉持共商共建共享的全球治理观，积极参与国际组织和多边机制下数字议题磋商研讨，围绕数字领域重要议题积极贡献中国方案，持续深化网络空间国际交流与合作，同世界各国一道携手构建网络空间命运共同体。

——与世界各国共享数字化发展成果

当前，数字经济发展速度之快、辐射范围之广、影响程度

之深前所未有，正在成为重组全球要素资源、重塑全球经济结构、改变全球竞争格局的关键力量。

前所未有的机遇，也意味着前所未有的挑战。

联合国贸易和发展会议发布的《2021年数字经济报告》指出，数字经济正迅速发展，但数字鸿沟正在加深。国际社会迫切需要携起手来，顺应信息化、数字化、网络化、智能化发展趋势，抓住机遇，应对挑战。

2017年1月，经济全球化"存废之争"愈演愈烈之际，习近平总书记来到达沃斯，以"海"作喻："世界经济的大海，你要还是不要，都在那儿，是回避不了的。"

2022年1月，全球疫情延宕反复、世界经济复苏不确定性加剧之时，又到一年"达沃斯时间"，习近平总书记在世界经济论坛视频会议中指出："经济全球化是时代潮流。大江奔腾向海，总会遇到逆流，但任何逆流都阻挡不了大江东去。"

江海浩荡，风急浪陡。当保护主义、单边主义逆流冲击侵蚀人类进步的根基，当开放还是封闭、拉手还是松手、拆墙还是筑墙成为影响人类未来的关键抉择，习近平总书记登高望远、领航掌舵，引领新时代中国以开放促合作，以合作谋发展，为迷茫困顿的世界注入强大信心与动力。

"中国的发展是世界的机遇""中国希望通过自己的努力，推动世界各国共同搭乘互联网和数字经济发展的快车"。

世界互联网大会、中国国际服务贸易交易会、中国国际数字产品博览会、世界人工智能大会等连续多年举办，一场场中国搭台的"东方之约"，让世界共享中国机遇；

颁布实施外商投资法等，连续多年缩减外资准入负面清单，真诚欢迎世界各国互联网企业来到中国发展；

推动全球最大自贸协定《区域全面经济伙伴关系协定》正式生效；积极申请加入《全面与进步跨太平洋伙伴关系协定》；成立《数字经济伙伴关系协定》（DEPA）工作组，全面推进中国加入DEPA谈判……

在高水平开放的大道上，中国蹄疾步稳。

驼铃马蹄，穿越岁月走来。漫漫丝路，泽遗千年。怎样把战略位置、历史遗产转化成发展契机？

"站在这里，回首历史，我仿佛听到了山间回荡的声声驼铃，看到了大漠飘飞的袅袅孤烟""满载着两国商品和旅客的船队往来其间，互通有无，传递情谊"……2013年秋，习近平总书记西赴哈萨克斯坦、印度尼西亚，向世界提出共建"一带一路"倡议。中国同沿线国家和地区携手圆梦的意愿，一如既往，真挚热切。

2017年，在"一带一路"国际合作高峰论坛开幕式上，习近平总书记指出："我们要坚持创新驱动发展，加强在数字经济、人工智能、纳米技术、量子计算机等前沿领域合作，推动大数据、云计算、智慧城市建设,连接成 21 世纪的数字丝绸之路。"

在中国首倡主办的这一历史性盛会上,习近平总书记提出建设"数字丝绸之路",为"一带一路"建设注入全新的数字力量。这是从历史深处走来的数字时代合作共赢之路,也是构建网络空间命运共同体最新的时代注脚。

长安复携手,再顾重千金。

"世界之大和合为尚,人间之美福祉共享。"2023 年 5 月 18 日至 19 日,中国—中亚峰会在千年古都西安举行。加快数字和绿色基础设施联通,拓展人工智能、智慧城市、大数据、云计算等高新技术领域合作……翻开中亚国家元首们见证签署的合作协议,新技术、新能源、新产业成为新亮点,谱写出"一带一路"数字化新篇章。

多年来,建设"数字丝绸之路"跨越不同地域、不同发展阶段、不同文明,已经落地生根、开花结果,演绎着携手合作的繁荣景象。"丝路电商"合作成果丰硕,中国与五大洲 23 个国家建立双边电子商务合作机制,建立中国—中东欧国家、中国—中亚五国电子商务合作对话机制,推动多层次交流合作,营造良好发展环境;在电信基础设施建设领域,中国与共建"一带一路"沿线国家和地区开展合作,推动地区数字化智能化转型升级;举办多届网上丝绸之路大会,在信息基础设施、跨境电子商务、智慧城市等领域与阿拉伯国家开展务实合作……在数字化推动下，丝路走出历史，走下蓝图，进入务实合作、全面推进新阶段，昔日"流淌着牛奶与蜂蜜的地方"正不断焕发新的活力。

心合意同，谋无不成。

近年来，我国统筹谋划网络空间国际合作，建立多层面协同、多平台支撑、多主体参与的数字领域国际交流合作体系，高质量共建"数字丝绸之路"，积极发展"丝路电商"……一项项扎实行动，推动世界各国共同搭乘互联网和数字经济发展的快车，以实际行动书写信息时代"志合者，不以山海为远"的生动故事。

——积极参与网络空间国际规则制定

当前，世界之变、时代之变、历史之变正以前所未有的方式展开，世界进入新的动荡变革期。一些国家在国际上搞"小圈子""新冷战"，排斥、威胁、恐吓他人，动不动就搞"脱钩"、断供、制裁。人为造成相互隔离甚至隔绝，只能把世界推向分裂甚至对抗。

"国际规则应该由各国共同书写，全球事务应该由各国共同治理"。习近平总书记强调："国际网络空间治理应该坚持多边参与、多方参与，由大家商量着办，发挥政府、国际组织、互联网企业、技术社群、民间机构、公民个人等各种主体作用。""共同书写""商量着办",语句平实,意蕴深邃。

"世界只有一个体系,就是以联合国为核心的国际体系。只有一个秩序,就是以国际法为基础的国际秩序。只有一套规则,就是以联合国宪章宗旨和原则为基础的国际关系基本准则。"2021年9月21日,习近平总书记在第七十六届联合国大会一般性辩论上的讲话坚定有力。

针对网信领域国际热点问题,中国一贯主张发挥联合国的主渠道作用,倡导基于《联合国宪章》确立的原则和规则体系,积极参与网络空间国际治理进程,先后推动联合国"双轨制"谈判进程达成最终报告;推动互联网名称和数字地址分配机构国际化改革;建设性参与联合国信息安全问题开放式工作组工作……中国致力于与世界各国共同参与、共同协商、共同研究制定公正合理的全球互联网治理规则。

独行快,众行远。我们深度参与联合国互联网治理论坛(IGF),连续多年在IGF主办开放论坛、研讨会等活动,不断拓展与世界知识产权组织等联合国专门机构的网络事务合作,深入参与二十国集团、亚太经合组织、上海合作组织、金砖国家等多边平台网信领域交流。

金砖国家峰会上,积极推动成立金砖国家开发银行;二十国集团领导人峰会上,提出发展创新、增长联动、利益融合等新理念,推动将中国政策主张写入峰会成果文件;上海合作组织发表《上海合作组织成员国元首理事会关于加强科技创新领域合作的声明》；亚太经合组织领导人非正式会议上，提出加强数字基础设施建设，促进新技术传播和运用，努力构建开放、公平、非歧视的数字营商环境……一项项倡议、一条条主张，我国在多边舞台上的积极参与和努力，增强了中国在国际数字经贸规则和标准制定中的话语权，充分体现了发展中国家的整体利益，推动国际经济秩序朝着更加公正合理的方向发展。

维护网络安全是国际社会的共同责任。中国积极履行国际责任，加强网络安全领域合作伙伴关系，深化网络安全应急响应国际合作，共同打击网络犯罪和网络恐怖主义。我们与印尼签署了《关于发展网络安全能力建设和技术合作的谅解备忘录》，这是中国推动网络安全国际合作的一个生动例证。建设性参与《联合国打击网络犯罪公约》谈判特设委员会举行的多次正式谈判会议，取得一系列积极成果；积极参与金砖国家、上海合作组织等区域网络安全进程，签订一系列重要文件，共同打击网络恐怖主义。此外，自2022年以来，中国政府充分利用"中俄总理定期会晤""中国—东盟网络事务对话""新加坡国际网络周"等契机，与各方就全球网络安全形势交换意见，就持续深入开展网络安全领域双边对话与合作提出务实建议，倡导各方共同维护网络空间安全与稳定。

——深化网络空间文明交流互鉴

文化只有流动起来，文明才能活起来。"我访问过世界上许多地方，最喜欢做的一件事情就是了解五大洲的不同文明，了解这些文明与其他文明的不同之处、独到之处"。在墨西哥，漫步于奇琴伊察玛雅文明遗址；在希腊，参观雅典卫城博物馆；在埃及，走进古老的卢克索神庙……从历史性访问联合国教科文组织总部，到出访期间致敬各国各民族人民创造的文明成果；从举办亚洲文明对话大会，到提出全球文明倡议……习近平总书记身体力行推动文明交流互鉴，深沉的观照贯穿始终，让文明交流互鉴成为推动世界和平发展、人类文明进步的重要动力。

互联网跨越时空、联通世界，打开了人类文明交流互鉴的新空间。

习近平总书记强调："要更好推动中华文化走出去，以文载道、以文传声、以文化人，向世界阐释推介更多具有中国特色、体现中国精神、蕴藏中国智慧的优秀文化。"

2022年初，冰雪赛场刮起"中国风"，网络空间涌起"冰雪热"。习近平总书记指出："要突出科技、智慧、绿色、节俭特色，注重运用先进科技手段，严格落实节能环保要求，保护生态环境和文物古迹，展示中国风格。"打造一场"科技冬奥"。

5G+8K转播给观众带来极致视觉盛宴，冬奥收视创历届新高；绿色发电、京张高铁全程5G和智能驾驶，张北的风点亮冬奥的灯……在这场连接东西方文明的奥运盛会，不同地域、不同文化、不同信仰的人们，为了"更快、更高、更强、更团结"的共同目标而拼搏奋斗。

各美其美，美人之美，美美与共，天下大同。这是中国作为文明古国的胸襟与气度。

2022年，第五届中国国际进口博览会首推"数字进博"平台。汽车展区突出智能低碳，展示全球汽车工业最新发展成果；技术装备展区聚焦"双碳"、集成电路、人工智能等热点领域，集中展示前沿技术和高端装备……300多家技术装备领域展商在线展示，充分利用"云展示、云发布、云直播、云洽谈"等方式，交流分享新机遇。

相知无远近，万里尚为邻。

越来越多人通过互联网深入沟通、增进了解。中阿电子图书馆项目以共建数字图书馆的形式，面向中国、阿盟各国提供中文和阿拉伯文自由切换浏览的数字资源和文化服务；中国联合日本、英国、西班牙、泰国等国教育机构、社会团体，共同发起"中文联盟"，为国际中文教育事业搭建教学服务及信息交流平台；"中国联合展台在线平台"上线，集信息发布、展览展示、版权交易、互动交流等于一体，成为各国视听机构、视听节目和技术设备展示交流平台；中国联合法国相关博物馆举办"敦煌学的跨时空交流与数字保护探索"线上研讨会，共同探索法藏敦煌文物的数字化保护与传播的新方向、新模式、新方案……

近年来，我国始终秉持平等、互鉴、对话、包容的文明观，倡导以文明交流超越文明隔阂，以文明互鉴超越文明冲突，以文明共存超越文明优越，利用互联网广泛搭建文明交流、文化传播平台，推动中华文明与各国文明平等交流、和合共生，努力让文明交流互鉴成为增进各国人民友谊的桥梁、推动人类社会进步的动力。

构建网络空间国际合作新格局，携手开创人类信息时代美好新前景

推进人类社会现代化和人类文明发展进步，是我们共同的责任。举世瞩目的党的二十大擘画了全面建设社会主义现代化国家、以中国式现代化全面推进中华民族伟大复兴的宏伟蓝图，提出"中国式现代化是走和平发展道路的现代化"，明确"推动构建人类命运共同体"是中国式现代化的本质要求之一。

"当今世界不同国家、不同地区各具特色的现代化道路，植根于丰富多样、源远流长的文明传承。人类社会创造的各种文明，都闪烁着璀璨光芒，为各国现代化积蓄了厚重底蕴、赋予了鲜明特质，并跨越时空、超越国界，共同为人类社会现代化

进程作出了重要贡献。"2023年3月，在中国共产党与世界政党高层对话会上，习近平总书记发表题为《携手同行现代化之路》的主旨讲话，系统阐述了中国共产党关于探索现代化道路的认识，郑重提出全球文明倡议，传递出一个东方大国对现代化道路的深入理解和对人类文明发展道路的前瞻性思考。

今天，当"钢铁驼队"中欧班列跑出加速度，当"数字丝绸之路"日益成为造福世界的"富裕带"……中国理念、中国方案、中国行动彰显强大韧性和勃勃生机，向世界传递坚定信心。

今天，当一个占世界1/5人口的大国创造了人类减贫史上的奇迹，当世界最大发展中国家将以全球最短时间实现从碳达峰到碳中和的跨越……中国式现代化开创了人类文明新形态，谱写出这个蔚蓝星球上最为壮丽的文明史诗。

行之力则知愈进，知之深则行愈达。

中国始终做推动全球数字化发展的贡献者、网络空间国际秩序的维护者、全球互联网治理体系变革的推动者，持续深化网络空间国际交流合作，在世界舞台上展现出中国智慧和中国担当。中国积极同各国加强网络空间对话合作，举办中国—东盟信息港论坛、网上丝绸之路大会，拓展与东盟、阿拉伯国家数字合作，举办中英互联网圆桌会议、中德互联网经济对话并分别发布成果文件，举办中非互联网发展与合作论坛并发布

"中非携手构建网络空间命运共同体倡议",提出"中非数字创新伙伴计划"。

党的二十大报告指出,"中国愿加大对全球发展合作的资源投入,致力于缩小南北差距,坚定支持和帮助广大发展中国家加快发展"。作为全球第二大数字经济体,中国机遇里有许多值得期许的未来。我们坚持共享发展成果,从数字技术交流到项目开发,从人员培训到数字基础设施改善,推动科技向善,缩小数字鸿沟,让世界各国人民在共享互联网发展成果上有更多获得感,为联合国 2030 年可持续发展议程有效落实按下"快进键",把网络空间建设成利益共同体。

"我们坚定站在历史正确的一边、站在人类文明进步的一边,高举和平、发展、合作、共赢旗帜,在坚定维护世界和平与发展中谋求自身发展,又以自身发展更好维护世界和平与发展。"

2021 年,《中华人民共和国国民经济和社会发展第十四个五年规划和 2035 年远景目标纲要》明确指出"向欠发达国家提供技术、设备、服务等数字援助,使各国共享数字时代红利"。

2023 年,中共中央、国务院印发的《数字中国建设整体布局规划》强调"数字领域国际合作打开新局面""构建开放共赢的数字领域国际合作格局"。

2023 年 7 月,习近平总书记对网络安全和信息化工作作出重要指示，充分肯定了党的十八大以来我国网络空间国际交流与合作取得的重要成就，强调要"坚持推动构建网络空间命运共同体"，为我国加强网络空间国际合作进一步指明了前进方向。

同舟共济扬帆起，乘风破浪万里航。

网络空间是人类共同的家园，全人类从未像今天这样在网络空间休戚与共、命运相连，维护一个和平、安全、开放、合作、有序的网络空间，关系到人类文明进程和发展命运，已经成为世界大多数国家的强烈期盼和共同愿望。党的十八大以来，在以习近平同志为核心的党中央坚强领导下，中国深入开展网络空间国际交流合作，积极参与全球互联网发展治理，致力于把网络空间建设成造福全人类的发展共同体、安全共同体、责任共同体、利益共同体。面向未来，中国将与世界各国一道共同担起为人类谋发展、谋进步、谋幸福的历史责任，不断深化网络空间国际合作，共同构建更加公平合理、开放包容、安全稳定、富有生机活力的网络空间，构建更加紧密的网络空间命运共同体，携手创造人类更加美好的未来！

十

致广大而尽精微

——关于数字政府建设

当前，以互联网为代表的网络信息技术日新月异，引领了社会生产新变革，创造了人类生活新空间，拓展了国家治理新领域。对任何国家和政党来说，互联网是重要的执政条件，网络空间是重要的执政环境，信息化是重要的执政手段，用网治网能力是执政能力的重要方面和体现。面对数字化、网络化、智能化的时代浪潮，党如何更好治国理政，如何推进政府治理理念、方式、手段创新，让网络信息技术充分赋能国家治理体系和治理能力现代化，让互联网发展成果惠及全体人民、更好满足人民日益增长的美好生活需要，成为摆在我们面前的一个重大而紧迫的实践课题。加强数字政府建设，正是立足时代背景、针对现实问题、着眼未来发展作出的科学回答。

党的十八大以来，以习近平同志为核心的党中央准确把握信息时代发展大势，围绕加快建设网络强国、数字中国，就加强数字政府建设作出一系列重大决策、实施一系列重大部署，推动我国数字政府建设驶入快车道，有力支撑我国数字经济、数字社会、数字生态协同创新，全面赋能经济社会高质量发展，人民群众获得感、幸福感、安全感不断提升，为全面建设社会主义现代化国家提供了坚实支撑和有力保障。

敏锐把握数字化转型发展机遇，全面部署数字政府建设

国之兴衰系于制，民之安乐皆由治。

一个国家要走向现代化，国家治理必须实现现代化。时序更替，梦想前行。中国特色社会主义进入新时代，以习近平同志为核心的党中央站在新的历史起点，锐意进取、励精图治，书写治国理政、为民服务的新时代答卷，中华民族迎来了从站起来、富起来到强起来的伟大飞跃。

时针拨回到 2013 年。党的十八届三中全会通过的《中共中央关于全面深化改革若干重大问题的决定》提出，"全面深化改革的总目标是完善和发展中国特色社会主义制度，推进国家治理体系和治理能力现代化"。在党的十八届三中全会第二次全体会议上，习近平总书记强调，"我们要更好发挥中国特色社会主义制度的优越性，必须从各个领域推进国家治理体系和治理能力现代化"。

2016 年 4 月 19 日，在网络安全和信息化工作座谈会上，习近平总书记深刻指出，"我们提出推进国家治理体系和治理能力现代化，信息是国家治理的重要依据"，强调"要以信息化推进国家治理体系和治理能力现代化，统筹发展电子政务，构建一体化在线服务平台，分级分类推进新型智慧城市建设，打通

信息壁垒，构建全国信息资源共享体系，更好用信息化手段感知社会态势、畅通沟通渠道、辅助科学决策"。这是把握时代脉搏的深刻洞察，更是着眼未来发展的深远谋划。

彼时，随着互联网特别是移动互联网发展，社会治理模式正在从单向管理转向双向互动，从线下转向线上线下融合，从单纯的政府监管向更加注重社会协同治理转变，政府服务效能的提升亟须更好发挥互联网优势。

"我们要深刻认识互联网在国家管理和社会治理中的作用"。2016年10月9日，习近平总书记在主持十八届中共中央政治局第三十六次集体学习时强调："要强化互联网思维，利用互联网扁平化、交互式、快捷性优势，推进政府决策科学化、社会治理精准化、公共服务高效化，用信息化手段更好感知社会态势、畅通沟通渠道、辅助决策施政。"

高瞻远瞩的战略决策，源自植根中国大地的长期理论思考和深入实践探索。早在地方工作时，习近平同志就开始思索如何以信息化提升政府治理和服务效能。

2000年，时任福建省省长的习近平同志极具前瞻性和创造性地作出了建设数字福建的战略部署，提出了"数字化、网络化、可视化、智慧化"的奋斗目标，开启了福建推进信息化建设的进程，成为今天数字中国建设的思想源头和实践起点。两年后，福建政务信息网正式开通，大规模推进数字政府建设的浪潮在福建涌动。

2003年,时任浙江省委书记的习近平同志指出,要坚持以信息化带动工业化,以工业化促进信息化,加快建设数字浙江,指引浙江成为全国数字经济发展的试验田和排头兵。而今,在全国率先提出的、以政府数字化转型为支撑的"最多跑一次"改革,已经成为浙江改革的代名词和金名片。

每当新的革命性技术出现,谁先拥抱新技术,谁就将赢得发展先机。数字政府是将数字技术广泛应用于政府管理服务,推动政府治理流程优化和模式创新,不断提高决策科学性和服务效率的政府运行新形态。

2019年10月,党的十九届四中全会召开,就国家制度和国家治理问题进行专门研究并作出决定,这在党的历史上是第一次。作为坚持和完善中国特色社会主义行政体制、优化政府职责体系的重要内容,全会明确提出推进数字政府建设,强调"建立健全运用互联网、大数据、人工智能等技术手段进行行政管理的制度规则。推进数字政府建设,加强数据有序共享,依法保护个人信息"。

从发展电子政务到推进数字政府建设,这是以习近平同志为核心的党中央着眼于推动国家治理现代化的时代要求、遵循政府治理模式发展规律、回应公众新需求新期待作出的战略选择,是对互联网时代如何更好服务人民群众这一重大课题深入思考基础上的科学回答。

2020年4月10日，习近平总书记在中央财经委员会第七次会议上指出，"我们要乘势而上，加快数字经济、数字社会、数字政府建设，推动各领域数字化优化升级"。

"要全面贯彻网络强国战略，把数字技术广泛应用于政府管理服务，推动政府数字化、智能化运行，为推进国家治理体系和治理能力现代化提供有力支撑。"2022年4月19日，习近平总书记主持召开中央全面深化改革委员会第二十五次会议，会议审议通过了《关于加强数字政府建设的指导意见》，并就数字政府建设作出一系列重大部署。

《关于加强数字政府建设的指导意见》将"加强数字政府建设"定位为"建设网络强国、数字中国的基础性和先导性工程"，强调其"对加快转变政府职能，建设法治政府、廉洁政府和服务型政府意义重大"。这是抢抓数字化时代浪潮，以数字化改革助力政府职能转变的宏伟战略谋划，标志着我国数字政府建设进入快车道。

治国有常，利民为本。

数字政府建设，一头连着党和政府，一头连着亿万群众，事关国之大计，事关民之安乐。

从看到"门难进、事难办"的百姓痛点，到指明"让百姓少跑腿、数据多跑路"的改革方向；从"最多跑一次"到实现"一次都不用跑"……一次次部署、一项项举措，彰显的是始终把满足人民群众对美好生活的向往作为出发点和落脚点的初心本色。

党的十八大以来，习近平总书记调研足迹遍布大江南北，多次就数字政府建设作出重要指示。在海南省政务数据中心，强调"各级党委和政府要强化互联网思维，善于利用互联网优势，着力在融合、共享、便民、安全上下功夫"；在上海听取市委和市政府工作汇报时，要求"抓好'政务服务一网通办'、'城市运行一网统管'，坚持从群众需求和城市治理突出问题出发，把分散式信息系统整合起来，做到实战中管用、基层干部爱用、群众感到受用"；在浙江杭州城市大脑运营指挥中心，指出"通过大数据、云计算、人工智能等手段推进城市治理现代化，大城市也可以变得更'聪明'。从信息化到智能化再到智慧化，是建设智慧城市的必由之路，前景广阔"……

当前，我国数字政府建设步伐持续加快，90%以上的政务服务实现网上可办；以国家政务服务平台为总枢纽的全国一体化政务服务平台初步建成；我国电子政务排名上升到第43位，成为全球增幅最高的国家之一……一串串数据、一项项成果，"以人民为中心"始终闪耀在中国共产党人的时代答卷上。

党的十八大以来，以习近平同志为核心的党中央从推进国家治理体系和治理能力现代化全局出发，准确把握全球数字化、网络化、智能化发展趋势，围绕实施网络强国战略、大数据战略等作出了一系列重大部署。当前，各级政府业务信息系统建设和应用成效显著，数据共享和开发利用取得积极进展，一体化政务服务和监管效能大幅提升，"最多跑一次""一网通办""一网统管""一网协同""接诉即办"等创新实践不断涌现，数字治理成效不断显现，开创了数字政府建设新局面。

持续提升数字政府治理服务效能，推动数字化发展环境显著改善

从"办公自动化""三金工程"到一系列"金字工程"行业系统建设，再到"最多跑一次""一网通办""一网统管"，数字政府建设的发展之路，就是我国推进政府职能转变、构建服务型政府的改革之路，背后是一场提升政府治理能力的全方位、系统性、协同式的深刻变革。

当前，实现数字化转型已成为我国政府积极顺应时代潮流、把握发展机遇、主动应对挑战的重要举措。在以习近平同志为核心的党中央领导下，我国积极顺应新一轮科技革命和产业变革潮流，把数字政府建设作为建设网络强国和数字中国的基础性和先导性工程，把强化数字化能力建设、提升数字化治理和服务水平作为数字政府建设发展的关键任务，对数字政府建设进行全面系统部署，推动各地各部门数字化治理和服务能力显著提升。

2024年2月19日，市民在邯郸市肥乡区政务服务中心24小时智能无人警局办理业务（新华社记者 王晓 摄）

——公共数据开放共享水平显著提升

近年来，随着各行业数字化转型升级进度加快，特别是伴随着5G等新技术的快速普及应用，数据总量呈爆发式增长，2022年，我国数据产量达8.1ZB，占全球数据总量的10.5%，位居世界第二。

加强政务数据的有效治理和高效利用是数字政府建设的关键环节。但一段时间以来，因数据多方采集、流通不畅、标准不一等导致的"数据孤岛"现象普遍存在，跨域数据、跨政府部门数据之间无法实现交互共享。只有唤醒"沉睡的"数据资源，充分发挥我国海量数据优势，才能更好服务经济社会高质量发展。

遵循发展规律、顺应行业需求，一系列顶层设计与规划相继推出。

2017年12月8日，十九届中共中央政治局就实施国家大数据战略进行第二次集体学习。习近平总书记强调："要充分利用大数据平台，综合分析风险因素，提高对风险因素的感知、预测、防范能力。要加强政企合作、多方参与，加快公共服务领域数据集中和共享，推进同企业积累的社会数据进行平台对接，形成社会治理强大合力。"

2022年9月，国务院办公厅印发《全国一体化政务大数据体系建设指南》，明确了全国一体化政务大数据体系建设的目标任务、总体框架、主要内容和保障措施，提出坚持系统观念、统筹推进，坚持继承发展、迭代升级，坚持需求导向、应用牵引，坚持创新驱动、提质增效，坚持整体协同、安全可控的建设原则。

广东、上海等地专门设立政务数据管理部门；贵州、浙江、山东、广西等地将政务数据管理职责纳入大数据部门……截至目前，全国多个省市成立了政务数据主管部门或明确了相关部门的政务数据管理职责。

《上海市数据条例》《浙江省公共数据条例》《贵州省大数据发展应用促进条例》……一批地方数据条例文件密集出台，各地规范有序推进数据汇聚、共享、开放、开发。

近年来,各地各部门加快推进政务数据共享,不断优化共享系统和平台,积累了大量政务数据资源,持续发布共享数据接口,更新数据条目,促进各级政府数据联通,取得了显著成效。目前,建有省级公共数据开放平台 24 个,开放的有效数据集近 25 万个;国家数据共享交换平台上线目录超过 65 万条,发布共享接口 1200 余个。在流动的数据、跳跃的字节、便捷的服务中,人民群众的获得感、幸福感有了实实在在的提升。

政务数据共享开放环节复杂、数据流动频繁,数据泄露等风险比较突出,政务数据安全防护面临巨大挑战。近年来,网络安全法、数据安全法、《关键信息基础设施安全保护条例》《中华人民共和国个人信息保护法》等多部法律法规相继颁布,《云计算服务安全评估办法》《网络安全审查办法》《数据出境安全评估办法》等政策文件陆续发布,网络安全审查、云计算服务安全评估等一批重要制度逐步建立,为数字政府建设构筑了安全保护的坚实制度屏障。

——政务信息化共建共用深入推进

如果从 1998 年我国第一个电子政务网——青岛政务信息公众网算起,我国数字政府建设已经走过了 26 年。从"12345,有事找政府"到"全国一网通办",从电话问政到数字政府,从声音到指尖,变化的是服务形式,不变的是为民本质。

2019 年 1 月 16 日，习近平总书记来到河北雄安新区政务服务中心。在这里，他了解雄安新区深化治理体制机制改革、打造服务型政府工作情况，与部分进驻企业代表亲切交流。习近平总书记强调，"要运用现代信息技术，推进政务信息联通共用，提高政务服务信息化、智能化、精准化、便利化水平，让群众少跑腿"。

互联网是公共服务的"加速器"。网上办事大厅、移动政务服务 APP 等在线应用，突破时空限制，精简办事流程，使群众足不出户、轻点按钮即可享受便利的政务服务。

目前，我国已初步形成"云、网、数、用"基础支撑体系，建成世界上规模最大的国家电子政务体系，形成政务服务、"互联网＋监管"、政府信息公开、信用信息、投资项目监管、企业公示等一大批成熟定型、在实际工作中发挥显著作用的数字化综合平台。

在政府网站常设栏目中，信息公开类栏目数量最多，政务动态栏目和网上办事类栏目位列其次。通过网上信息公开和互动交流，各地各部门联系群众、服务群众的自觉性、主动性、实效性显著增强。

政务数据基础设施基本完备。全国 31 个省（自治区、直辖市）和新疆生产建设兵团的云基础设施基本建成，超过 70% 的地级市建设了政务云平台，政务信息系统逐步迁移上云，初步形成集约化建设格局。截至 2022 年 6 月，以国家政务服务平台为总枢纽，全国一体化政务服务平台联通了 31 个省（自治区、直辖市）及新疆生产建设兵团、46 个国务院部门的政务服务平台，形成了全国政务服务"一张网"；网上政务服务"纵向五级贯通"的地区占比达 93.75%，政务服务"村村通"范围不断扩大，持续向基层、向乡村延伸，打通服务群众的"最后一公里"。

——数字化政务服务效能不断提高

"正确的道路从哪里来？从群众中来。"党的十八大以来，习近平总书记多次就走好新时代网上群众路线提出明确要求。"人民群众什么方面感觉不幸福、不快乐、不满意，我们就在哪方面下功夫""要适应人民期待和需求，加快信息化服务普及，降低应用成本，为老百姓提供用得上、用得起、用得好的信息服务，让亿万人民在共享互联网发展成果上有更多获得感。"习近平总书记的重要讲话掷地有声。

善政必简。近年来，针对企业和群众异地办事时遇到的"多地跑""折返跑"等困扰，"跨省通办"以"全程网办""代收代办""多地联动"等实际举措减少群众办事成本，便企利民。从"不见面审批"到"免申即享"，从"立等可取"到"秒批秒办"……政务服务插上互联网"翅膀"，有效打通便民利民的"最后一公里"。

当前，我国一体化政务服务能力不断提高，全国一体化政务服务平台实名用户超过10亿人，政务事项办理效率和便捷度大幅提升，"网上办""掌上办""一网通办"深入推进。截至2022年底，我国初步实现地方部门500万余项政务服务事项和1万多项高频应用的标准化服务，90.5%的省级行政许可事项实现网上受理和"最多跑一次"，平均承诺时限压缩51%。让百姓少跑腿、数据多跑路，成为信息时代中国共产党人走好群众路线的生动写照。

营商环境就是生产力。降低准入门槛，促进公平竞争，营造便利环境，对于进一步激发市场活力和社会创造力具有重要意义。根据世界银行发布的数据，从2013年至2022年，我国营商环境全球排名从第96位跃升至最新的第31位。亮眼成绩的背后，与一场场驰而不息的改革息息相关。

浙江全面推进"最多跑一次"改革；江苏实施"不见面审批"改革；上海积极实施"一网通办"改革；辽宁实行"免申即享"；全国自贸试验区担当改革"先行军"，负面清单管理、"证照分离""一照一码"等经验在全国复制推广……服务市场主体，释放市场活力，各地各部门纷纷拿出实招、硬招。

市场监管总局不断细化互联网平台反垄断监管具体规则；中央网信办召开优化营商网络环境企业座谈会……通过不懈努力，我国政府服务效率和透明度大幅提升，营商环境不断优化，

2021年2月24日，这是位于北京市海淀区的海淀城市大脑智能运营指挥中心多功能指挥大厅（新华社记者　任超　摄）

人民群众办事创业更加便利。突破小切口，牵动大变革。以数字政府建设为牵引，激发市场活力、增强内生动力、释放内需潜力，取得显著成效。

放活了企业——截至目前，全国市场主体已突破1.5亿户，中国成为全球创业大国，数字经济驱动新型灵活就业快速发展。截至2023年7月，我国已经成功培育21.5万家创新型中小企业和9.8万家专精特新中小企业，展现出旺盛的发展活力。

催生了动力——5G建设和应用领跑世界；世界超级计算机500强上榜总数多年蝉联第一；新能源汽车产销连续8年保持全球第一……新技术、新产业、新业态、新模式加快发展，生产方式、工作生活方式发生深刻改变，传统产业在改造提升中焕发勃勃生机，经济结构在新旧动能接续转换中加快优化升级。

近年来，各级政府积极打造泛在可及、智慧便捷、公平普惠的数字化服务体系，我国网上服务水平迈入世界领先行列。《2022联合国电子政务调查报告》显示，我国"在线服务"指数排名持续居全球领先地位，政务服务水平逐渐从"追赶者"变为"领跑者"。

打造高效协同的数字政府，让互联网发展成果更好惠及亿万人民

纵观世界文明史，从农业社会到工业社会，从刀耕火种到声光化电，每一次科技革命在推动人类历史车轮不断前行的同时，也带来国家治理体系和治理方式的深刻变革。顺应数字文明发展大势，不断增强数字政府建设效能，持续推进国家治理体系和治理能力现代化，是历史赋予当代中国的重大使命。

近年来，随着区块链、人工智能、量子信息等技术的深度应用，数字化发展逐步进入成熟期，数字政府对经济社会各方面发展的赋能和引领作用更加凸显，数字政府建设进入追求协同高效的新阶段。

数字政府建设是一项系统性、长期性、战略性工程。当前,我国数字政府建设还面临一些突出问题——体制机制不够健全,创新应用能力不强,数据壁垒依然存在,网络安全保障体系还有不少突出短板,干部队伍数字意识和数字素养有待提升,政府治理数字化水平与国家治理现代化要求还存在较大差距。

"要运用大数据提升国家治理现代化水平""领导干部要学网、懂网、用网""提升广大人民群众在网络空间的获得感、幸福感、安全感"……习近平总书记的重要论述高瞻远瞩,领航定向。

天下之事,非新无以为进。

当前,我国已经开启全面建设社会主义现代化国家新征程,推进国家治理体系和治理能力现代化,适应人民日益增长的美好生活需要,对数字政府建设提出了新的更高要求,迫切需要我们主动顺应经济社会数字化转型趋势,充分释放数字化发展红利,持续推进改革突破,实现创新发展,奋力开创数字政府建设新局面。

《中华人民共和国国民经济和社会发展第十四个五年规划和2035年远景目标纲要》将"提高数字政府建设水平"作为专门一章列出,明确"将数字技术广泛应用于政府管理服务,推动政府治理流程再造和模式优化,不断提高决策科学性和服务效率"，提出"加强公共数据开放共享""推动政务信息化共建共用""提高数字化政务服务效能"等重点任务。

《"十四五"推进国家政务信息化规划》提出，到2025年，政务信息化建设总体迈入以数据赋能、协同治理、智慧决策、优质服务为主要特征的融慧治理新阶段，跨部门、跨地区、跨层级的技术融合、数据融合、业务融合成为政务信息化创新的主要路径，逐步形成平台化协同、在线化服务、数据化决策、智能化监管的新型数字政府治理模式。

历史，再一次书写伟大的时刻。

"从现在起，中国共产党的中心任务就是团结带领全国各族人民全面建成社会主义现代化强国、实现第二个百年奋斗目标，以中国式现代化全面推进中华民族伟大复兴。"2022年10月，新时代的第十个年头，民族复兴行进到关键一程的关键节点，党的二十大胜利召开，习近平总书记发出奋进新征程、夺取新胜利的动员令。在党的二十大报告中，习近平总书记明确提出加快建设网络强国、数字中国，围绕新征程网信事业发展提出一系列新部署、新要求、新任务，为加快推进数字政府建设，全面提升政府履职能力，创新政府治理理念和方式，形成数字治理新格局，推进国家治理体系和治理能力现代化，指明了前进方向、提供了根本遵循。

2023年，中共中央、国务院印发《数字中国建设整体布局规划》，提出到 2025 年"政务数字化智能化水平明显提升"的目标，把"发展高效协同的数字政务"作为推进数字技术与"五位一体"总体布局深度融合的重要方面，为加快建设数字政府描绘了清晰路线。

物有甘苦，尝之者识；道有夷险，履之者知。时光，见证现代化征程上东方大国的奋进步伐。

建成全球规模最大的 5G 网络和光纤宽带，全国所有地级市全面建成光网城市；国家远程医疗服务平台覆盖率地市级达 100%；全国统一的医保信息平台全面建成；分享经济、智慧出行、移动支付等互联网新产品新业态竞相涌现，用得上、用得起、用得好的信息服务正在惠及更多百姓。

民之所望，政之所向。在新一轮全面深化改革征程上，以数字政府建设优化治理模式、创新治理手段、提升治理效能，有力推进国家发展、社会进步，不断增进人民福祉，数字化正在书写发展新答卷。华夏大地，呈现一派政通人和、安定有序的新气象。

"人民对美好生活的向往就是我们的奋斗目标。"在习近平新时代中国特色社会主义思想特别是习近平总书记关于网络强国的重要思想指引下，我们要始终把满足人民对美好生活的向往作为数字政府建设的出发点和落脚点，以数字化转型驱动治理方式变革，全面提升政府治理的数字化、网络化、智能化水平，充分发挥数字政府建设对数字经济、数字社会、数字生态的引领作用，全方位赋能经济社会高质量发展，为强国建设、民族复兴提供更加坚实有力的保障！

十一

良法善治安天下

——关于网络法治建设

法治兴则民族兴，法治强则国家强。

1994年4月20日，一个载入互联网发展史册的日子。这一天，中国实现与国际互联网的全功能连接，信息时代的大门悄然开启。也是这一年，我国第一部涉互联网的行政法规《中华人民共和国计算机信息系统安全保护条例》发布，中国网络法治建设历程正式起步。

互联网是人类文明发展的重要成果，但在促进经济社会发展的同时，也带来了一系列新问题新挑战。发展好、治理好互联网，让互联网更好造福人类，是世界各国共同的追求。实践证明，法治是互联网治理的基本方式，运用法治观念、法治思维和法治手段推动互联网发展治理，已经成为全球普遍共识。

党的十八大以来，以习近平同志为核心的党中央牢牢把握全球信息化发展大势，立足中国互联网发展实践，将依法治网作为全面依法治国和网络强国建设重要内容，提出一系列原创性新理念新思想新战略，对推进依法管网治网作出一系列重要部署、提出一系列重大举措。在习近平法治思想和习近平总书记关于网络强国的重要思想科学指引下，我国依法治网深入推进，加快构建完备的网络法律规范体系、高效的网络法治实施体系、严密的网络法治监督体系、有力的网络法治保障体系，网络法治建设取得历史性成就，走出了一条既符合国际通行做法，又有中国特色的依法治网之路，有力提升了我国互联网治理能力，也为全球互联网发展治理贡献了中国智慧和中国方案。

奉法者强则国强，全面擘画新时代网络法治建设壮阔图景

新一代信息技术日新月异，信息化大潮风起云涌，互联网的飞速发展引领了社会生产新变革、创造了人类生活新空间、拓展了国家治理新领域。伴随着社会数字化程度不断加深，互联网在全面融入人民群众生产生活的同时，也带来一系列新问题新挑战。比如，网络空间乱象时有发生，网络信息鱼龙混杂，网络违法犯罪屡禁不止，网络安全防护形势严峻复杂，数据安全工作日益紧迫，侵害个人信息现象十分突出。作为全球最大的发展中国家和网民数量最多的国家，如何统筹好发展和安全，始终确保互联网在法治轨道上健康运行，成为一项重大而紧迫的课题。

"做这项工作不容易，但再难也要做。"肩负历史重任，立于时代潮头，习近平总书记对依法加强互联网治理进行着深邃思考。习近平总书记多次强调，"网络空间不是'法外之地'""让互联网在法治轨道上健康运行"。

有一定之略，然后有一定之功。

加强依法治网是全面依法治国、建设网络强国的重要时代课题。2014年10月，党的第十八届中央委员会第四次全体会议通过了《中共中央关于全面推进依法治国若干重大问题的决定》，明确了全面依法治国的指导思想、发展道路、工作布局以及重点任务。《中共中央关于全面推进依法治国若干重大问题的决定》还明确提出，要"加强互联网领域立法，完善网络信息服务、网络安全保护、网络社会管理等方面的法律法规，依法规范网络行为"，为新时代网络法治建设指明了前进方向。

党的十八大以来，习近平总书记高度重视网络空间法治建设，鲜明指出"这块'新疆域'不是'法外之地'，同样要讲法治，同样要维护国家主权、安全、发展利益""网络空间是虚拟的，但运用网络空间的主体是现实的，大家都应该遵守法律，明确各方权利义务"。

"我们要本着对社会负责、对人民负责的态度，依法加强网络空间治理，加强网络内容建设，做强网上正面宣传，培育积极健康、向上向善的网络文化，用社会主义核心价值观和人类优秀文明成果滋养人心、滋养社会，做到正能量充沛、主旋律高昂，为广大网民特别是青少年营造一个风清气正的网络空间。""要推动依法管网、依法办网、依法上网，确保互联网在法治轨道上健康运行。""要全面推进法治建设，提高社会治理智能化、科学化、精准化水平。""要坚持系统性谋划、综合性治理、体系化推进，逐步建立起涵盖领导管理、正能量传播、内容管控、社会协同、网络法治、技术治网等各方面的网络综合治理体系，全方位提升网络综合治理能力。""要加强国家安全、科技创新、公共卫生、生物安全、生态文明、防范风险等重要领域立法，加快数字经济、互联网金融、人工智能、大数据、云计算等领域立法步伐，努力健全国家治理急需、满足人民日益增长的美好生活需要必备的法律制度。"……

谋篇布局，立柱架梁。围绕依法治网这一重大时代课题，习近平总书记提出一系列原创性新理念新思想新战略，思想深邃、内涵丰富，深刻揭示了依法治网在协调网络关系、防范网络风险、保障网络安全、促进网络发展、构建网络秩序等方面的重要作用，系统回答了网络法治建设的一系列重大理论和实践问题，为做好新时代网络法治工作提供了根本遵循和行动指南。在习近平总书记重要论述的指引下，我国互联网管理体制进一步理顺，网络法治建设的顶层设计不断完善。

2020年11月，党的历史上首次召开中央全面依法治国工作会议。这次会议主题重大、意义重大，最重要的是明确了习近平法治思想在全面依法治国工作中的指导地位。会议从全局和战略高度对全面依法治国工作作出一系列重大战略部署，特别强调，要积极推进国家安全、科技创新、公共卫生、生物安全、生态文明、防范风险、涉外法治等重要领域立法，健全国家治理急需的法律制度、满足人民日益增长的美好生活需要必备的法律制度，以良法善治保障新业态新模式健康发展。习近平总书记的重要论述审时度势、高瞻远瞩，为我国加快网络法治建设指明前进方向。

2020年12月，中共中央印发《法治社会建设实施纲要（2020—2025年）》，对依法治理网络空间作出系统部署。2021年初，《法治中国建设规划（2020—2025年）》公布实施，这是新中国成立以来第一个关于法治中国建设的专门规划，是新时代推进全面依法治国的纲领性文件。

2023年3月，《新时代的中国网络法治建设》白皮书发布，系统梳理了中国全功能接入国际互联网以来，特别是党的十八大以来的网络法治建设成就，为进一步做好网络法治工作指明了方向。

关山飞渡，大道笃行。推进全面依法治国，是国家治理的一场深刻变革。党的十八大以来，我国坚持促进发展和依法管理相统一、安全可控和开放创新并重，加强依法管网、依法办网、依法上网，推动社会治理从现实社会向网络空间延伸，建立健全网络综合治理体系，全面推进网络空间法治化，有力营造清朗网络空间，为网络强国建设提供了坚实的制度保障。

治国安邦倚重器，充分运用法治力量构建清朗的网络空间

法律是治国之重器、治网之利器。习近平总书记指出："数字经济、互联网金融、人工智能、大数据、云计算等新技术新应用快速发展，催生一系列新业态新模式，但相关法律制度还存在时间差、空白区。网络犯罪已成为危害我国国家政治安全、网络安全、社会安全、经济安全等的重要风险之一。"

网络治理是信息时代国家治理的新内容、新领域，既与现实社会治理深度融合、高度关联，又有其自身特点和规律。面对网络空间发展新情况，我国积极探索构建与互联网发展相适应的法治体系，网络立法、网络执法、网络司法、网络普法一体推进，新时代网络法治建设不断跃上新台阶、开拓新局面、实现新突破。

——科学立法，夯实网络空间法治基础

立善法于天下，则天下治；立善法于一国，则一国治。

网络立法是夯基垒台、固本强基的工作，是依法治网的基础和前提。习近平总书记指出，"要抓紧制定立法规划，完善互联网信息内容管理、关键信息基础设施保护等法律法规，依法治理网络空间，维护公民合法权益""要加快网络立法进程，完

善依法监管措施，化解网络风险""继续加快制定完善互联网领域法律法规"。这些重要论述，明确了网络立法工作的任务举措和工作要求，为做好网络立法工作提供了基本遵循。

法随时变，国家经济社会与新技术新应用发展到哪里，法治建设就覆盖到哪里；人民群众的期盼和需求在哪里，法治建设就跟进到哪里。

"法治是最好的营商环境"——中央全面依法治国委员会第二次会议上，习近平总书记深刻阐述这一重要论断。

《中华人民共和国电子商务法》实施，全面规范电子商务经营行为；修订《中华人民共和国反不正当竞争法》《中华人民共和国反垄断法》，完善平台经济反垄断制度；《优化营商环境条例》施行，要求提升监管的精准化、智能化水平，优化营商环境制度建设进入新阶段……我国依法平等保护各类市场主体产权和合法权益，让市场主体对制度保持预期、对市场保持底气、对事业充满信心。

从出台《中华人民共和国网络安全法》《中华人民共和国数据安全法》等法律，到制定《云计算服务安全评估办法》《关键信息基础设施安全保护条例》《网络安全审查办法》《生成式人工智能服务管理暂行办法》……增强网络安全防御能力，有效应对网络安全风险，网络安全法规体系"四梁八柱"基本构建形成。

从制定《中华人民共和国个人信息保护法》到《中华人民共和国反电信网络诈骗法》,聚焦老百姓的急难愁盼,一系列关系群众切身利益的重点领域立法力度不断加大,为人民安居乐业保驾护航。

《中华人民共和国未成年人保护法》《儿童个人信息网络保护规定》《未成年人网络保护条例》……未成年人网络保护法治体系不断完善,有力护航未成年人健康快乐成长。

《网络预约出租汽车经营服务管理暂行办法》《网络借贷信息中介机构业务活动管理暂行办法》《区块链信息服务管理规定》《在线旅游经营服务管理暂行规定》《互联网信息服务算法推荐管理规定》……聚焦新业态新模式特定领域、特殊问题,坚持"大块头"立法和"小快灵"立法相结合,"互联网+"各领域治理的法律依据不断丰富,有效防范和化解风险。

一部部法律法规,展示出我国网络法治建设的卓著成效:从1994年至今,我国制定出台网络领域立法140余部,基本形成了以宪法为根本,以法律、行政法规、部门规章和地方性法规、地方政府规章为依托,以传统立法为基础,以网络内容建设与管理、网络安全和信息化等网络专门立法为主干的网络法律体系,为网络强国建设提供了坚实的制度保障。

——严格执法,保障网络空间规范有序

天下之事,不难于立法,而难于法之必行。

习近平总书记主持召开十八届中共中央政治局第四次集体学习时，引用"徙木立信"的典故，深刻指出"法律的生命力在于实施"。

深入实施网络法律法规，必须加大网络执法力度。党的十八大以来，我国坚持强化互联网信息内容、网络安全、数据安全、个人信息保护等领域执法，加强网络侵权、网络暴力、盗版假冒、虚假营销等违法行为治理，坚决遏制各类新型网络犯罪，依法打击对关键信息基础设施实施攻击、窃密、破坏等活动，加强网络黑灰产业链整治，让监管"长牙齿"，切实保护人民群众合法权益、维护社会公共利益，推动形成健康规范的网络空间秩序，营造天朗气清的网络生态。

有力捍卫个人信息安全。2019年以来，中央网信办等四部门联合开展APP违法违规收集使用个人信息专项治理，对存在严重违法违规问题的APP采取公开通报、责令整改、下架等处罚措施，有力震慑了违法违规行为。针对非法利用摄像头偷窥个人隐私画面、交易隐私视频、传授偷窥偷拍技术等侵害公民个人隐私的行为，2021年5月起，中央网信办会同有关部门开展摄像头偷窥等黑产集中治理工作，督促各类平台共处置相关违规有害信息3万余条，处置涉违法交易等活动账号5600余个，下架违规产品3000余件。

深入开展网络生态治理。深入开展"清朗"系列专项行动，全面整治"饭圈"乱象、网络沉迷、血腥暴力、网络水军、流量造假、网络"黑公关"等突出问题。2019年以来，通过近30项专项治理，清理违法和不良信息204.93亿条、账号13.89亿个，下架违法违规应用程序6.7万余款，关闭违法网站4.2万余家。公安机关相关部门依托"净网"系列专项行动，持续对"网络水军"相关违法犯罪依法开展侦查打击，取得初步成效。

有力保护网络知识产权。加强网络知识产权保护是支持网络科技创新的关键。新技术新应用不断涌现，使网络知识产权侵权的手段更加隐蔽，执法面临溯源难、取证难、执行难等问题。2022年，通过"剑网2022"专项行动，各地查办侵犯网络著作权案件1180件，删除侵权盗版链接84万条，关闭侵权盗版网站（APP）1692个，处置侵权账号1.54万个，为支持网络科技创新提供有益环境……

法治和德治两手抓，两手都要硬。

2016年12月9日，十八届中共中央政治局就我国历史上的法治和德治进行第三十七次集体学习。习近平总书记强调："在新的历史条件下，我们要把依法治国基本方略、依法执政基本方式落实好，把法治中国建设好，必须坚持依法治国和以德治国相结合，使法治和德治在国家治理中相互补充、相互促进、相得益彰，推进国家治理体系和治理能力现代化。"

从制定实施《中华人民共和国英雄烈士保护法》维护英烈

尊严与形象，到制定出台《中华人民共和国爱国主义教育法》加强爱国主义教育，再到依法整治网上历史虚无主义等行为；从广泛开展劳动模范、时代楷模、道德模范等典型事迹网上宣传，到加快推进"互联网＋公益"的新模式……近年来，法治和德治并重，一个个鲜活的案例，传导正确价值取向，推动形成了崇德向善、见贤思齐的网络文明环境。

——公正司法，有力捍卫网络空间公平正义

司法是维护公平正义的最后一道防线。随着互联网新技术新应用新业态的快速发展，网络空间承载的法律关系更为丰富多元，对网络空间司法保障提出新的更高要求。我国坚持司法公正、司法为民，积极回应网络时代司法需求，运用网络信息技术赋能传统司法，完善网络司法规则，革新网络司法模式，依法解决新型网络纠纷，让人民群众享受更加公平公正、公开透明、高效便捷、普惠均等的网络司法服务。

创新，已经成为近年来我国司法改革中一个亮眼的关键词。

2017年8月18日，杭州互联网法院正式成立。一年后，北京互联网法院、广州互联网法院先后成立。截至2022年底，3家互联网法院共受理互联网案件42.9万件，审结41.5万件，在线立案申请率为98.5%。作为中国推动司法模式创新的成功尝试，互联网法院集中审理辖区内的涉网民事、行政案件，探索试行"网上案件网上审理"，开启了中国互联网案件集中管辖、专业审判的新篇章。

公开文书总量 1.4 亿份，访问总量突破千亿次……2013 年 7 月 1 日，中国裁判文书网开通，作为全球最大的裁判文书公开网站，中国裁判文书网实时更新，让司法办案工作在聚光灯下开展，助力新时代法律监督提质增效。

2022 年，我国平均每个工作日有 5.4 万件纠纷在线调解，每分钟就有 75 件成功化解在诉前；律师通过律师服务平台在线申请立案 383.5 万件次、阅卷 65.6 万件，在线办理各类事项 79.5 万件；一站式多元纠纷解决和诉讼服务体系全面建设，智慧诉讼服务平台广泛应用……一连串的数字，是我国司法改革与信息化建设统筹推进的最佳诠释。网络司法的新模式标志着中国特色社会主义司法制度在网络领域进一步发展完善，逐渐成为中国司法的一张亮丽名片。

随着互联网技术的快速发展，传统犯罪加速向以互联网为媒介的非接触式犯罪转变，电信网络诈骗、网络赌博、网络淫秽色情等涉网违法犯罪多发。

连续多年开展"净网行动"，严厉打击群众反映强烈的黑客攻击破坏、侵犯公民个人信息等违法犯罪活动；持续推进"云剑""断卡""断流""拔钉"等专项行动，打击套路贷、校园贷等电信网络诈骗犯罪；完善国家反诈大数据平台和反诈移动互联网应用程序，建设国家涉诈黑样本库，完善快速止付冻结机制、涉诈资金返还机制……近年来，我国网络犯罪治理工作取得明显成效，人民群众安全感有效提升，有力维护社会和谐稳定。

——全民普法，全社会网络法治意识和素养显著提升

法治的真谛，在于全体人民的真诚信仰和忠实践行。

习近平总书记强调："要充分调动人民群众投身依法治国实践的积极性和主动性，使全体人民都成为社会主义法治的忠实崇尚者、自觉遵守者、坚定捍卫者，使尊法、信法、守法、用法、护法成为全体人民的共同追求。"

2017年，中共中央办公厅、国务院办公厅印发《关于实行国家机关"谁执法谁普法"普法责任制的意见》，强调"注重依托政府网站、专业普法网站和微博、微信、微视频、客户端等新媒体新技术开展普法活动，努力构建多层次、立体化、全方位的法治宣传教育网络"。

2020年5月28日，十三届全国人大三次会议审议通过《中华人民共和国民法典》。这是新中国成立以来第一部以"法典"命名的法律，是新时代我国社会主义法治建设的重大成果，标志着中国的民事权利保障开启崭新时代。

仅仅一天后，十九届中共中央政治局就围绕"切实实施民法典"举行第二十次集体学习。习近平总书记强调："民法典要实施好，就必须让民法典走到群众身边、走进群众心里。"

2020年至今，我国连续3年举办民法典宣传月；多地网信

办开展民法典知识竞答活动；各大网站运用短视频、动漫等创新形式，增强普法宣讲的趣味性……依托互联网开展多种形式普法宣传，让民法典真正走到群众身边、走进群众心里。

在14亿多人口的大国持续开展全民普法，把法律交给人民，这是人类法治史上的一大创举。随着"八五"普法的正式开启，我国着力提高普法针对性和实效性，进一步营造全社会尊法学法守法用法的良好氛围。

自2014年以来，中央网信办等部门连续10年在全国范围内举办国家网络安全宣传周活动，以通俗易懂、百姓喜闻乐见的方式，宣传网络安全理念、普及网络安全知识、推广网络安全技能，有力推动全社会网络安全意识和防护技能的提升。

2023年7月20日，一家参展企业代表在国家网络安全宣传周网络安全博览会上演示反诈知识VR互动体验项目（新华社记者 刘军喜 摄）

2022年，由国家网信办网络法治局指导，中国互联网发展基金会主办、法治网承办的"2022全国互联网法律法规知识云大赛"吸引超220万人报名参赛，近2000万人次参与答题，竞赛系统页面访问量逾1.64亿次。截至2023年，全国建立以普法为主要任务的微博、微信公众号、客户端、视频号等已超过3万个。

2023年2月，为深入学习宣传习近平法治思想，突出宣传互联网法律法规，中央网信办策划推出"全国网络普法行"系列活动，先后走进浙江、广西、江西、黑龙江、四川等地开展系列普法宣传，发稿2000余篇次，网络访问量突破41亿次。

……

"互联网＋法治宣传教育"逐渐成为普法的新渠道、新手段。登录智慧普法平台，各种普法知识跃然眼前；从设立国家宪法日到多形式开展宪法宣传周，从机关、乡村、社区、学校到网站、微博、微信、客户端，一个人人参与法治建设、全社会大普法的格局正在加速形成。

秉纲而目自张，为网络强国建设提供坚实法治保障

"中国走向世界，以负责任大国参与国际事务，必须善于运用法治。"习近平总书记的重要讲话铿锵有力。

当前，世界进入新的动荡变革期，互联网领域规则不健全、秩序不合理等问题日益凸显，网络空间治理呼唤更加公平、合理、有效的解决方案，全球性威胁和挑战需要强有力的全球性应对。习近平总书记强调："如何治理互联网、用好互联网是各国都关注、研究、投入的大问题。没有人能置身事外。"

一条经济带，熔铸古今；一条丝绸路，纵横万里。2013年秋，习近平总书记西行哈萨克斯坦、南下印度尼西亚，先后提出建设"丝绸之路经济带"和"21世纪海上丝绸之路"重大倡议。

2018年1月23日，习近平总书记主持召开中央全面深化改革领导小组会议，审议通过了《关于建立"一带一路"国际商事争端解决机制和机构的意见》。《关于建立"一带一路"国际商事争端解决机制和机构的意见》强调要加强对涉"一带一路"建设案件的信息化管理和大数据分析，为法官提供智能服务，确保法律适用正确、裁判尺度统一。

截至2022年底，中国已与17个国家签署"数字丝绸之路"合作谅解备忘录；成功设立国际商事法庭；最高人民法院域外法查明平台上线启动……一系列有力有效举措，为推进"一带一路"建设、实行高水平贸易和投资自由化便利化政策、推动建设开放型世界经济提供更加有力的保障。

心合意同，谋无不成。

从倡导全球发展倡议、全球安全倡议，到发布《全球人工智能治理倡议》等，中国始终坚定维护以联合国为核心的国际体系、以国际法为基础的国际秩序、以《联合国宪章》宗旨和原则为基础的国际关系基本准则，支持各国平等参与网络国际治理，制定各方普遍接受的网络空间国际规则。

从举办世界互联网大会，发布《携手构建网络空间命运共同体》概念文件，进一步强调"尊重网络主权"，到建立中俄信息安全磋商机制、中欧网络工作组机制等对话机制，再到共同打击网络恐怖主义、电信网络诈骗……中国推动网络空间法治国际交流合作不断走向深入。

法安天下，德润人心。

全面依法治国关系党执政兴国，关系人民幸福安康，关系党和国家长治久安。当前，我国正处在实现中华民族伟大复兴的关键时期，世界百年未有之大变局加速演进，改革发展稳定任务艰巨繁重，对外开放深入推进，需要更好发挥法治固根本、稳预期、利长远的重要作用。

2022年10月，党的二十大报告首次将法治中国建设单独作为一个部分进行专章论述、专门部署，指出"加强重点领域、新兴领域、涉外领域立法，统筹推进国内法治和涉外法治，以良法促进发展、保障善治"。

2023年，中共中央、国务院印发《数字中国建设整体布局规划》指出，完善法律法规体系，加强立法统筹协调，研究制定数字领域立法规划，及时按程序调整不适应数字化发展的法律制度。

推进依法治网是全面依法治国的必然要求，网络法治工作是网络强国建设的重要保障。党的十八大以来，我国一体推进网络立法、网络执法、网络司法、网络普法、网络法治教育，国家、政府、企业、社会组织、网民等多主体参与，有力提升我国互联网治理能力，凝聚起全社会建设网络强国、数字中国的强大实践力量，亿万人民群众在网络空间拥有更多获得感、幸福感、安全感。在网络法治护航下，中国数字社会铺展出更加和谐美好的新图景。

在全面建设社会主义现代化国家新征程上，我们要始终坚持全面依法治国、依法治网的理念，推动互联网依法有序健康运行，以法治力量护航网信事业高质量发展，为网络强国建设提供坚实的法治保障。

面向未来，中国将同国际社会一道践行共商共建共享的全球治理观，共同推动全球互联网治理法治化进程，让数字文明发展成果更好造福各国人民，携手构建网络空间命运共同体，共同创造人类美好未来。